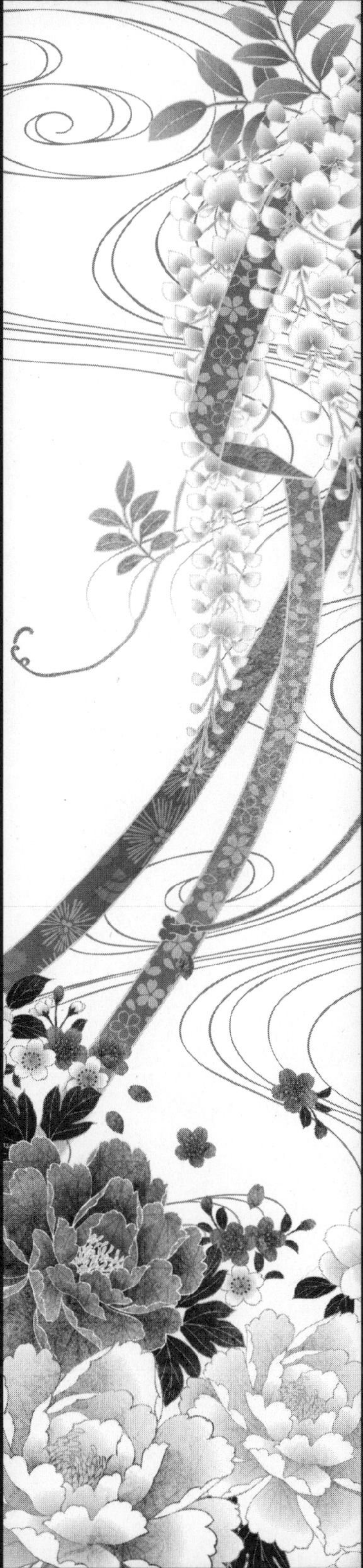

DEMON SLAYER

KIMETSU NO YAIBA

BLUME DES GLÜCKS

Koyoharu Gotouge
Aya Yajima

Die Charaktere

Tanjiro Kamado

Ein lieber Junge, der seine Schwester retten und seine getötete Familie rächen will. Er kann die Schwachstellen von Dämonen und anderen Feinden am Geruch erkennen.

Nezuko Kamado

Tanjiros jüngere Schwester wurde von einem Dämon angefallen und selbst zu einem Dämon gemacht, doch sie beschützt Tanjiro, was ein normaler Dämon nie tun würde.

Einführung

Die Geschichte spielt im Japan der Taisho-Zeit (1912–1926). Seit über tausend Jahren bedroht der Dämon Muzan Kibutsuji das Glück der Bevölkerung, indem er immer wieder neue menschenfressende Dämonen erschafft. Der Klan der Ubuyashiki wurde verflucht, weil aus ihm das Monster Kibutsuji hervorgegangen war. Als Sühne setzt die Familie Ubuyashiki Leib und Seele ein, um Kibutsuji, die Ursache allen Übels, zu besiegen. Die Kämpfer der fortan sogenannten »Demon-Slayer-Truppe« tragen ein Schwert namens »Sonnenschwert« und konfrontieren die Dämonen im echten Nahkampf. Im Gegensatz zu ihren dämonischen Widersachern, die über erstaunliche Regenerationskräfte verfügen, werden ihre menschlichen Gegner dabei verletzt, und es verliert immer wieder mal ein Demon Slayer einen Arm oder ein Bein. Dennoch treten sie weiterhin den Dämonen entgegen, um die Menschen zu schützen …

Er ist im gleichen Alter wie Tanjiro. Im Wachzustand ist er feige und weinerlich. Erst im Schlaf entfaltet er seine wahre Kraft.

Auch er ist in Tanjiros Alter. Er umhüllt sich mit einem Wildschweinfell und ist sehr kampflustig.

Shinobus »Tsuguko« ist sehr wortkarg und tut sich schwer, selbstständig Entscheidungen zu treffen.

Sie gehört zur Demon-Slayer-Truppe und ist im Schmetterlingsanwesen für die medizinische Behandlung und das Rehabilitationstraining der aktiv Kämpfenden zuständig.

Eine der »Säulen« der Demon-Slayer-Truppe. Das Fachgebiet dieser Schwertkämpferin ist die Pharmazie, und sie braut Gifte, die Dämonen töten können.

INHALT

BLUME DES GLÜCKS

KAPITEL I

Blume des Glücks

So ein langärmliger Kimono mit viel Schwarz, der Würde und Schönheit ausstrahlte, würde die weiße Haut seiner jüngeren Schwester sicher gut zur Geltung bringen. Aber beim Anblick des Obi mit Goldbrokat würde sie, die im Leben so vieles durchgemacht hatte, vielleicht die Stirn runzeln und sagen: »Der ist zu prunkvoll für mich.« Würde sie unter ihrem zu einer Bunkin-shimada-Hochzeitsfrisur hochgesteckten schwarzen Haar Tränen vergießen? Es wären keine Tränen der Trauer, sondern Freudentränen.

Meine Schwester ist lieb wie niemand sonst. Obwohl sie ein Dämon geworden ist, hat sie ihre warme Ausstrahlung nie verloren.

»Glückwunschworte?«

»Ja, es gibt ein freudiges Ereignis: Ein Mädchen aus dem Dorf heiratet!«, sagte Frau Hisa, und ihre ohnehin schmalen Augen verengten sich zu Schlitzen.

Das Wappen, das den Blauregen symbolisierte, bezeugte, dass Frau Hisa den Demon Slayern unentgeltlich diente. Wie man weiß, schmücken manche Familien, deren

Angehörige von Demon Slayern vor Dämonen gerettet wurden, ihr Haus mit diesem Symbol und signalisieren damit, dass sie auf die ein oder andere Art ihre Dankbarkeit zum Ausdruck bringen möchten. Daher suchen im Kampf verwundete Dämonenjäger ein solches Blauregenhaus auf, und Frau Hisas Haus war ein solches.

Es war nun genau zehn Tage her, dass Tanjiro, Zenitsu, Inosuke und Nezuko ihren Aufenthalt hier begonnen hatten, um ihre im Kampf erlittenen Verwundungen auszukurieren. Nezuko allerdings war ein Dämon und verbrachte den ganzen Tag schlafend in der aus Nebelwolkenkiefernholz gezimmerten Kiste. Kontakt zu anderen Menschen hatten daher nur die anderen drei.

Sie erhielten reichlich Mahlzeiten, die aus den Früchten des Waldes hergestellt worden waren, konnten auf weichen Futons schlafen und flauschige Kimonos tragen, wurden also auf vielerlei Weise herzlich umsorgt, sodass die Rippenbrüche, die alle drei erlitten hatten, auf dem Wege der Besserung nun ziemlich weit fortgeschritten waren.

»Sie wird bald zur Familie des Bürgermeisters der nächsten Stadt gehören.«

»Ich wünsche der künftigen Braut viel Glück!«, gratulierte Tanjiro von Herzen.

Frau Hisa lächelte und sagte: »Ich hätte gerne, dass alle Demon Slayer heute Abend der Braut ein paar segensreiche Glückwunschworte aussprechen.«

»Was? Wir?«

»Natürlich nur, wenn ihr euch gesundheitlich dazu in der Lage fühlt. Übernehmt euch bloß nicht!«

»Nein, kräftig genug sind wir. Aber dürfen wir das wirklich?«, fragte Tanjiro besorgt, doch Frau Hisa nickte eifrig mit ihrem weißhaarigen Kopf und erklärte, dass man sich von den Demon Slayern am Abend im Dorf der Braut ein paar Glückwunschworte wünschte, und dass die Braut dann am nächsten Mittag zur Stadt gehen würde, wo im Haus des Bräutigams eine große Feier geplant sei. Die künftige Braut sei offensichtlich wegen ihrer außerordentlichen Schönheit erwählt worden, und im Dorf seien alle ganz aufgeregt, weil sie eine so selten gute Partie machte.

»Wenn das Mädchen den Segen der Demon Slayer erhält, freuen sich alle sicher riesig!«

»Wenn das so ist, werden wir der Bitte gerne nachkommen. Nicht wahr, Zenitsu? Inosuke?« Tanjiro wandte sich zu seinen Kameraden um.

Zenitsu antwortete: »Ja, natür... ähm, natürlich sehr gerne! Glückwünsche aussprechen ist ja etwas ganz anderes als Dämonen zu töten und macht uns kein bisschen Angst. Außerdem bekommen wir leckeres Essen und ein schönes Mädchen zu Gesicht, schlagen also zwei Fliegen mit einer Klappe. Aber schöner als Nezuko kann sie ja trotz allem nicht sein, oder? Das weiß ich genau ... Ich bin einzig und allein von Nezuko begeistert, also bitte nicht missverstehen!«

Zenitsu rieb die Handflächen aneinander.

»Segen? Was soll das sein?« Inosuke dagegen benutzte seine Hände, um Manju-Klöße in sich hineinzustopfen, und stieß den Kopf in Tanjiros Seite.

Aua!

Tanjiro verzog das Gesicht, und das galt auch Zenitsus Worten.

Szenen wie diese waren mittlerweile, also seit einigen Tagen, üblich geworden.

Seit Zenitsu erfahren hatte, dass Nezuko Tanjiros Schwester war, hatte sich sein Verhalten Tanjiro gegenüber radikal verändert, bis hin zu regelrechter Speichelleckerei. Bei Inosuke dagegen waren es dessen Kopfstöße, die Tanjiro auf die Nerven gingen. Vielleicht war das seine Art der Kommunikation, aber bei jeder Gelegenheit Kopfstöße einstecken zu müssen, schlauchte Tanjiro ungemein.

Wenn das so weiterging, würden Tanjiros Rippen nie wieder heil werden.

»Zenitsu … Warum musst du immer so peinliche Dinge sagen? Und hör auf, so unhöflich über eine künftige Braut zu sprechen! Und Inosuke … Segen meint Worte, die man einem Brautpaar ausspricht, um ihnen für ihre Ehe alles Gute zu wünschen. Autsch … Lass endlich deine Kopfstöße, Inosuke!«

Nach diesen freundlichen, aber bestimmten Ratschlägen an seine beiden Kameraden wandte sich Tanjiro wieder Frau Hisa zu.

»Wir möchten gerne Glückwunschworte aussprechen, vielen Dank«, sagte er und senkte den Kopf.

»Ich habe zu danken«, sagte Frau Hisa und verneigte sich tief, bis ihre Stirn die Tatami-Matte berührte.

»Heute kochen wir wieder für euch«, sagte sie und lächelte. »Ich nehme an, ihr jungen Leute mögt vor allem Fleisch … Leider sind wir mit Delikatessen nur spärlich gesegnet.«

»Aber nicht doch, Sie haben uns schon genug verwöhnt«, wehrte Tanjiro hastig gestikulierend ab.

»Das«, schrie Inosuke. »Das Übliche, du weißt schon, Alte! Koch wieder das!! Na, das eben!!«

»Hey! Inosuke!!«

»Sag nicht einfach das! Nenn das Essen beim Namen!«

Zenitsu und Tanjiro wiesen Inosuke zurecht, doch Frau Hisa schien zu verstehen, denn sie nickte und sagte: »Ach, das! Du meinst sicher Tempura, nicht wahr? Die im Teigmantel gebratenen Zutaten.«

»Ja!«

»In Ordnung, ich werde ganz viel Tempura servieren. Habt ihr noch genug Teegebäck?«

»Nein, bring mehr von dem Zeug!! Du weißt schon, was ich meine, oder?«

»Ja, ja, Okaki-Reisplätzchen, nicht wahr? Ich bringe sofort welche«, antwortete Frau Hisa ruhig und verließ das Zimmer. Es lag sicher auch an ihrem Alter, dass sie sich außerordentlich leise bewegte, man hörte sie praktisch nie. Und auch jetzt schloss sich die Schiebetür lautlos hinter ihr.

»Die Frau versteht echt sofort, was du meinst, obwohl du nur ›das‹ sagst.« In Zenitsus Blick zur Schiebetür mischten sich Bewunderung und Abneigung.

»In der Tat«, sagte Tanjiro bestätigend. Inosuke kaute derweil arglos auf seinen Klößen herum und nahm die Bemerkungen der anderen beiden gar nicht wahr.

Zu Beginn ihres Aufenthalts im Blauregen-Haus hatte Inosuke noch gemault: »Was soll der Mist?! In einem Haus leben und dabei auch noch einen Kimono tragen zu müssen, ist Folter! Bloß das nicht!! Was glaubt ihr, wer ich bin?! Ich bin der König der Berge!« Und auch jetzt war er obenrum immer noch unbekleidet. Aber daran, in einem Haus zu leben, hatte er sich offenbar gewöhnt. Zumindest schien er es nicht als Folter zu empfinden. Der Hauptgrund war vermutlich die Anwesenheit der Hausherrin. Frau Hisa hatte von Anfang an keine Angst vor Inosuke gehabt. Sie hatte sich weder von seinem theatralischen Auftreten mit Wildschweinmaske, noch von seinem derben Verhalten irritieren lassen. Beim Gedanken daran, wie Frau Hisa die Jungs wie eine Großmutter umsorgt hatte, wurde Tanjiro warm ums Herz. »Ich bin so dankbar«, dachte er aufrichtig. Sie genossen reinliche Schlafstätten, ein warmes Badezimmer und eine wie selbstverständlich erwiesene Gastfreundschaft. Die drei Jungs badeten zusammen und aßen am selben Tisch … Vielleicht war das der Grund, warum Tanjiro trotz Zenitsus abnormer Schmeicheleien und Inosukes Kopfstößen das Gefühl hatte, dass die drei sich nähergekommen waren. Vor allem hatten Zenitsu und Inosuke seine zum Dämon gewordene Schwester nicht gehasst, sondern akzeptiert, wie sie war. Das freute Tanjiro sehr.

So hing Tanjiro angenehmen Gedanken nach, als plötzlich ...

»Hey! Du hast ja alle Manju-Klöße aufgefressen! Da waren auch Tanjiros und mein Anteil mit dabei! Du blöde Wildsau!!«

»Halt's Maul, Zenpisser! Selber schuld, wenn ihr so lahm seid!«

»Ich heiße Zenitsu!! Wer ist Zenpisser?«

»Schnauze, Kleiner! Das hier ist mein Revier!«

»Ach so! Ich bitte untertänigst um Entschuldigung. Was soll das heißen, Revier ... Gyaaaah!«

»Du Waschlappen!! Wenn du mich besiegen willst, kannst du in ein paar Jahren noch mal ankommen! Wa ha ha ha ha!«

Nachdem Zenitsu von Inosuke einen Schlag auf die Wange eingesteckt hatte, wälzte er sich am Boden und stieß dabei schrille Schreie aus. Inosukes Gelächter hallte durch den Raum und erinnerte an das Kampfgebrüll eines Ebers.

Tanjiro seufzte leise und versuchte den Streit beizulegen: »Inosuke, du darfst Zenitsu nicht schlagen!«

Die Situation entwickelte sich also wie üblich und gewohnt.

»Ah, die Braut war ja wirklich wunderschön!«

»War das ein Festschmaus ...« Inosuke rülpste.

Unterwegs auf dem Rückweg vom Haus der Braut zogen die beiden völlig unterschiedliche Fazite. Tanjiro musste an das Aussehen der ungekünstelt wirkenden Braut denken. Sie war noch jung und in der Tat so atemberaubend schön, dass ihre Einheirat in eine namhafte Familie fast folgerichtig war. Und ihr breites Lächeln zeugte von dem großen Glück, das sie empfand. Im Vergleich mit ihrer Schönheit verblassten sogar die fliegenden Kraniche und großen Blüten ihres Kimonos ebenso wie der Goldbrokat auf dessen Obi.

»Sie ist ...«

»Hm? Was?«

»Ach, nichts.«

Tanjiro schüttelte leicht den Kopf. Sie war vielleicht im gleichen Alter wie Nezuko ... Sobald er diesen Gedanken gefasst hatte, spürte er irgendwo tief in seinem Innern ein Stechen.

Nanu? Ein Stechen?

Er neigte den Kopf leicht zur Seite und rückte die Kiste auf seinem Rücken zurecht. Dann war ein Kratzgeräusch aus dem Innern der Kiste zu hören, und Tanjiro zuckte zusammen.

Er war sicher gewesen, dass Nezuko schlief, aber sie war wach, und aus irgendeinem Grund verursachte ihm diese Erkenntnis starkes Herzklopfen.

»Aber warum hat die Frau so komische Klamotten getragen?«

Inosuke richtete diese Frage an niemand Bestimmten. »In einem Kimono mit so langen Ärmeln kann man weder auf Bäume klettern noch Hasen jagen oder fischen.« Er legte den Kopf zu Seite und machte angesichts dieses Mysteriums ein ratloses Gesicht.

»Oh Mann ... Deswegen kann ich Hinterwäldler nicht ausstehen«, seufzte Zenitsu. »Sie wird eh nicht in die Berge gehen und auf Bäume klettern, also spricht nichts gegen einen solchen Kimono. Sie heiratet einen reichen Geschäftsmann! Sie hat eine gute Partie gemacht. Verstehst du, was eine gute Partie ist? Weil sie eine Schönheit ist,

kann sie in eine reiche Familie einheiraten, schöne Kimonos tragen und ein wohlbehütetes, schönes Leben führen.«

»Und überhaupt: Wieso musste der Kimono so schwarz sein? Weiß die nicht, dass man mit schwarzen Klamotten in den Bergen leicht von Wespen gestochen wird? Diese Leute ... Wenn das ein freudiges Ereignis ist, soll sie halt was Farbenfrohes tragen! So wird man doch nur schwermütig.«

»Ich hab doch eben gesagt, dass sie nicht in die Berge geht! So ein schwarzer Kimono bedeutet so viel wie: ›Ich lasse nur deine Farbe an mich heran, niemand anderen!‹ Oder? Ah ... Ich wollte, ich würde auch mal so was gesagt bekommen, möglichst von Nezuko, hi hi hi!«

Zenitsu verfiel mitten in seinen Ausführungen in eine unangenehme Fistelstimme und murmelte verzückt vor sich hin.

»Was redet der da?«, grummelte Inosuke mit ernstem Gesicht. »So ein Kotzbrocken.«

»Das sagt der Richtige!«, schäumte Zenitsu nach Inosukes Beleidigung.

»Stimmt doch, Tanjiro?«

»Was?«, antwortete der um Zustimmung gebetene Tanjiro etwas verspätet. »Ah ... Ich weiß nicht ...«

Er war gleichzeitig nervös und seltsam abwesend. Es kam ihm vor, als wäre etwas in ihm ins Stocken geraten.

»Was ist los, was träumst du vor dich hin?«, fragte Zenitsu besorgt und zupfte ihn an seiner Kimono-Überjacke. »Ist irgendwas passiert?«

»Er hat sicher Hunger«, bemerkte Inosuke, der immer noch die bei der Feier gereichten Reiskuchen mampfte. »Der Idiot hat ja vorhin bei der Hochzeitsfeier gar nicht zugegriffen, obwohl es da massenhaft Leckereien gab.«

Inosuke verschlang den restlichen Reiskuchen mit einem Haps und klopfte sich auf die Brust.

»Warte, Senjiro! Ich gehe direkt zurück und hole die Fressalien, die noch übrig geblieben sind.«

»Was?! Nein, das musst du nicht!«

Tanjiro war nun endlich aus seiner Tagträumerei erwacht und beeilte sich, Inosuke zu stoppen, bevor dieser außer Kontrolle geriet. Er konnte nicht zulassen, dass Inosuke wie ein Räuber den Ort der Feier überfiel und alle Glückwünsche zunichtemachte.

»Keine falsche Zurückhaltung. Sich um seine Vasallen zu kümmern ist die Aufgabe eines Bosses.«

»Ich halte mich nicht zurück. Ich habe einfach nur keinen Hunger!«

»Wenn du nichts isst, solange es etwas gibt, bereust du es! Denk mal an den riesigen Berg Fleisch! Und haufenweise Obst gab es da auch!!«

»Aber ich sagte doch schon, ich habe wirklich keinen Hunger!«

Doch mit dieser Beteuerung gab sich Inosuke nicht zufrieden, und am Ende blieb Tanjiro nichts übrig, als seinen Kameraden in Wildschweinmaske noch einmal inständig darum zu bitten, von einer Rückkehr zum Ort der Feier abzusehen.

Schließlich gab Inosuke, mehr oder weniger widerwillig, sein Vorhaben auf, doch Zenitsu musterte leicht besorgt Tanjiros Gesicht.

»Was hast du denn, Tanjiro? Du bist seit vorhin so komisch.«

»Komisch? Ich?«

»Ja. Ich höre komische Laute.«

Tanjiro erschrak. Zenitsu hatte ein übermenschlich gutes Gehör und nahm feinste Gefühlsveränderungen bei einem Menschen als »Laute« wahr, so wie Tanjiro selbst Ähnliches mit seinem übermenschlichen Geruchssinn konnte. Und nun behauptete Zenitsu, seine Laute seien komisch. Tanjiro geriet aus der Fassung.

»Alles klar«, flüsterte Zenitsu mit ernstem Gesicht, als ob jedes weitere Wort überflüssig wäre.

»Es hat was mit Nezuko zu tun, stimmt's?«

Unwillkürlich beschleunigte sich Tanjiros Herzschlag. Zenitsu sah, dass es Tanjiro plötzlich die Sprache verschlagen hatte, und nickte verständnisvoll. Dann fügte er mit einem wissenden Gesichtsausdruck hinzu: »Wahrscheinlich hast du dir Nezukos Hochzeit ausgemalt und dich einsam gefühlt, stimmt's?«

»Was ...?«

»Aber das darfst du nicht, Tanjiro! Wenn jemand auftaucht, den Nezuko heiraten will, musst du das feiern und sie ehrlich beglückwünschen, das ist auch in ihrem Sinne!«

Zenitsu lag mit seiner Annahme knapp daneben. In Zenitsus Vorstellung würde Nezuko wie ein ganz normales Mädchen irgendwann heiraten und Teil einer neuen Familie werden. Überhaupt schien die Tatsache, dass Nezuko ein Dämon war, Zenitsu gar nichts auszumachen. Tanjiro freute sich im Grunde darüber, aber irgendetwas daran fand er definitiv und prinzipiell falsch. Doch er wusste nicht, was es war. Und daher rührte auch sein Unbehagen, das sich als Kloß in seinem Hals äußerte.

»Ja. Ich höre komische Laute.«

»Es hat was mit Nezuko zu tun, stimmt's?«

Warum machten ihn diese beiläufigen Worte so nervös? Verwirrt legte er sachte eine Hand auf die linke Brustseite. Sein Herz machte bumm bumm, und Tanjiro hörte genau hin. Aber die »Laute«, die Zenitsu hörte, nahm er nicht wahr.

Na klar, weil meine Ohren nicht so gut sind wie Zenitsus!

Tanjiro fragte sich stirnrunzelnd, was mit ihm nicht stimmen mochte. Ungeachtet dessen sprach Zenitsu vom Tag, an dem Nezuko heiraten würde, und Inosuke erging sich wie gehabt in Erläuterungen darüber, welche Speisen bei der Feier besonders lecker ausgesehen hatten.

Tanjiro wurde sein mulmiges Gefühl nicht los. Dann vernahm er eine kindlich klingende Stimme.

»Mensch, Akari!«

»Das darfst du nicht! Es wird schon dunkel, da oben wirst du von Dämonen gefressen!«

»Aber ich will auch in eine große Familie in der Stadt einheiraten wie Toyo! Ich will nicht arbeiten!«

»Ich habe Nein gesagt und dabei bleibt es auch!«

»Du bist gemein!! Gemein, gemein, gemein!«

»Wie bitte? Sag das noch mal!«

Tanjiro sah zwei Mädchen am Wegesrand streiten. Eines war um die zehn, das andere vielleicht sieben Jahre alt. Ihre vor Wut aufgeplusterten Gesichter glichen sich auffallend. Vermutlich waren sie Schwestern.

Meinten sie mit »Toyo« die Braut von vorhin?

Tanjiro ging auf sie zu, und das jüngere Mädchen klammerte sich hektisch am Ärmel des älteren fest.

»Was habt ihr? Worüber streitet ihr euch denn?«, fragte Tanjiro und ging in die Hocke, um die Mädchen nicht einzuschüchtern. Das ältere sah Tanjiro flüchtig an und fragte zurück: »Bist du ein Demon Slayer? Du schläfst bei Frau Hisa, nicht wahr?«

»Ja. Mein Name ist Tanjiro. Seid ihr Schwestern?«

»Ich bin Akane, und das ist meine jüngere Schwester Akari.«

Während Akane sich vorstellte, versteckte sich die schüchterne Akari komplett hinter deren Rücken. Dann streckte sie kurz den Kopf hervor, sah in Tanjiros Gesicht und huschte dann sofort wieder zurück in Akanes Schatten. Bei diesem kindlichen Verhalten musste Tanjiro lächeln.

Rokuta war genauso!

Obwohl, eigentlich hatten auch Shigeru, Hanako, Takeru und Nezuko solche Phasen gehabt.

Tanjiro dachte an alte Zeiten zurück und fragte dann die Schwestern: »Meintet ihr mit Toyo eben die künftige Braut, die in eine Familie in der Stadt einheiratet?«

»Ja.«

»Weißt du, Toyo hat eine Hozukikazura gefunden«, sagte Akari, die erneut den Kopf aus ihrem Versteck streckte.

»Hozukikazura?«

Tanjiro neigte leicht den Kopf zur Seite. Selbst er als in den Bergen Aufgewachsener konnte mit diesem Begriff nichts anfangen.

»Ist das eine Blume oder so was?«

»Ja, eine Blume!« Akari nickte eifrig und deutete mit einem Finger auf einen der nahe gelegenen Berge.

»Die wächst da auf dem Berg. Wenn man so eine findet, kann man sich ins gemachte Nest setzen, sagen die Leute.«

»Ins gemachte Nest ...? Ah, du meinst eine gute Partie machen ...«

»Deswegen konnte Toyo in eine reiche Familie einheiraten!«, sagte Akari fröhlich, aber Akane widersprach stirnrunzelnd: »Das ist doch nur eine Legende. Die erzählt man sich schon lange in unserem Dorf. Man sagt: ›Diese Blume blüht nur in Neumondnächten. Wenn man sie immer bei sich trägt und die geliebte Person heiratet, wird man so glücklich wie kein anderer.‹ Akari hat wahrscheinlich gehört, wie die alten Leute im Dorf sagten, dass Toyo sicher eine Hozukikazura gefunden hat.«

»Ach so, ich verstehe.« Zufrieden mit dieser Antwort, schlug Tanjiro eine Faust in die Hand.

»Und heute ist ja Neumond, daher ...«

»Ja«, erwiderte Akane mit leicht verärgertem Unterton. »Akari will unbedingt zum Berg und auf die Suche nach der Blume gehen. Sie hört nicht auf mich, dabei ist es doch nur eine Fantasieblume.«

Das war also der Kernpunkt ihres Streits gewesen. Akaris Wunsch war naiv und eigentlich harmlos. Aber bei der nun einsetzenden Dunkelheit war ein Gang in die Berge wegen der Dämonen gefährlich und die Sorge ihrer älteren Schwester nur allzu berechtigt. Tanjiro sah die immer noch ängstlich am Rücken ihrer großen Schwester klebende Akari an.

»Nachts ist es gefährlich in den Bergen!«

»Ich bin aber schon sechs Jahre alt«, antwortete das Mädchen mit dem Pagenschnitt trotzig.

Innerlich musste Tanjiro lachen, machte aber ein sehr ernstes Gesicht, als er Akari ermahnte:

»Es ist auch für Erwachsene gefährlich!«

»Weil da Dämonen sind?«

»Ja!«

»Hm ... Sind Dämonen so gruselig?«

»Ja, sehr gruselig sogar.«

Als Tanjiro dies ernst nickend bejahte, dachte Akari ein Weilchen nach und lenkte dann leise ein: »Ist gut. Ich gehe nicht zum Berg.«

Ihre Schwester seufzte erleichtert. »Vielen Dank! Du hast uns sehr geholfen.« Sie verbeugte sich tief und zog ihrer kleine Schwester am Arm. »Komm, wir gehen.«

Tanjiro sah ihnen nach. »Was war denn mit den beiden, Tanjiro?«, fragte Zenitsu, der mit Inosuke im Schlepptau auf ihn zu kam.

»Haben sie dich nach irgendwas gefragt?«

»Na ja ...«

Tanjiro erzählte den anderen beiden, was geschehen war.

»Pfft, also nur dummes Kindergeschwätz.«

Inosuke zeigte nicht die geringste Neugier, ganz im Gegensatz zu Zenitsu: »Ach? Das scheint ja eine sehr reizvolle Blume zu sein!«, murmelte er interessiert.

»Die geliebte Person heiraten und glücklicher als jeder andere werden zu können, klingt beneidenswert. Na ja, vielleicht überspringt man da auch ein paar notwendige Schritte …«

Tanjiro holte Zenitsu mit seinen heftigen Heiratswünschen auf den Boden der Tatsachen zurück: »Das ist doch nur eine Legende!« Dieser Kerl hatte immerhin mal einem Mädchen winselnd einen Heiratsantrag gemacht, das er gerade erst am Wegesrand kennengelernt hatte.

»Und Akane sagte also, es sei nur eine Fantasieblume …«

»Ja, aber junge Mädchen haben eben eine Schwäche für Fantasiegeschichten oder Legenden, die sich um Liebe und so was ranken.«

»Ach! Tatsächlich?«

»Ja. Mädchen lieben doch auch Zaubersprüche, oder? Und Blumenorakel. Klar, dass Mädchen die Idee einer Blume, die nur in Neumondnächten blüht, mögen. Da fällt mir ein, man sagt ja auch, dass ein bei Neumond ausgesprochener Wunsch wahr wird … Vielleicht kommt daher die Legende von der Blume? Wenn das so ist, dann … Wer weiß, wer weiß? Es gibt ja viele Legende, die kein vollkommener Blödsinn sind …«

Zenitsu verkündete also mit Kennermiene, dass die Blume namens Hozukikazura vielleicht tatsächlich existierte.

»Du bist ja wirklich sehr bewandert, Zenitsu«, sagte Tanjiro anerkennend, ehrlich erstaunt über Zenitsus unerwartet reichhaltiges Wissen.

»He ... Keine Lobhudeleien, das führt zu nichts!«

Zenitsu wurde rot, kicherte und zeigte ein verlegenes, dreckiges Grinsen.

Genau genommen war Zenitsu möglicherweise vor allem daran interessiert, wie man Mädchen in Gespräche verwickelte, also durch niedrige Beweggründe motiviert ... Doch Tanjiros Bewunderung war echt.

Aha, so was mögen Mädchen also!

Und folgerichtig ...

Auch Nezuko?

Tanjiro befühlte die Kiste aus Nebelwolkenkiefernholz auf seinem Rücken und lächelte über das ganze Gesicht. Die vorhin erblickte Gestalt der jungen Braut überlagerte sich mit Tanjiros geistigem Bild von Nezuko.

Seine Schwester, vor Freude lächelnd, in einem Hochzeitskimono ... Sie schien sehr glücklich zu sein.

Bei dieser Vorstellung lichtete sich der Nebel in Tanjiros Kopf schlagartig.

Jetzt verstehe ich!

Endlich erkannte er, was ihn so bedrückte.

»He, ihr zwei! Statt doof rumzuquatschen, lasst uns lieber schnell zur Alten zurückgehen! Die macht uns doch jetzt diese Dinger im Teigmantel!!«

Inosukes Magen knurrte laut und vernehmlich, als er Tanjiro zum Aufbruch drängte. Offenbar hatte er Hunger bekommen, weil er sich an die noch zu verspeisenden Leckereien erinnerte.

»Na los! Trödelt nicht so rum!!«

»Willst du wirklich noch was essen?«

Angesichts Inosukes Gefräßigkeit machte Zenitsu ein angewidertes Gesicht und drehte sich zu Tanjiro um, der immer noch regungslos dastand.

»Was ist los? Wir gehen!«

Tanjiro reagierte nicht.

»Tanjiro ...?«

Nach einem kurzen Zögern sagte Tanjiro: »Tut mir leid, aber ich muss etwas erledigen. Geht ihr zwei schon mal vor.« Er lief ungeduldig in die Richtung, in die Akane und Akari gegangen waren.

»Ah! Da sind sie ja.«

Da seit ihrer Trennung einige Zeit vergangen war, hatte Tanjiro Sorge, dass er sie nicht mehr würde einholen können. Doch da es sich um zwei Kinder handelte und er selbst über eine sehr gute Spürnase verfügte, war seine Sorge unbegründet, und er holte sie schnell ein. Da spazierten die beiden durch die Abenddämmerung und hielten sich einträchtig an der Hand.

»Akane! Akari! Wartet mal!«

Die beiden Angesprochenen drehten sich um und zeigten dabei den gleichen fragenden Gesichtsausdruck.

»Der junge Demon Slayer?«

»Gibt es etwas?«

»Erzählt mir bitte noch mehr über die Hozukikazura-Blume!«

Völlig perplex rissen die beiden die Augen auf und schlossen sie dann jeweils zu einem Blinzeln ...

In der folgenden Nacht ...

»Hi hi hi hi ... Huch? Ja? So was ... Hi hi hi ... Hff ... Hff ... Eh? He he he ... Mensch, Nezuko ... Ngh ...«

Während Zenitsu sich ausgesprochen süßen Träumen hingab, rüttelte jemand seinen Oberkörper, der unter dem Futon hervorschaute.

»Mensch ... Du nervst ... Ngha ... Jetzt, wo es gerade so schön ist ... Stör mich nicht, Inosuke ... Ngh ... Hi hi hi ... Das stimmt nicht! ... Ngho ... Du bist wirklich süß, Nezuko ... Hff ...«

Zenitsu wälzte sich hin und her, um den störenden, an ihm rüttelnden fremden Händen auszuweichen, doch nun klatschten diese auf seine Wangen. Zenitsu kniff im Schlaf die Augenbrauen zusammen.

»Ngh ... Was ist los? Bist du das jetzt, Tanjiro? Nezuko und ich schwören uns gerade ewige Liebe, also lass uns in Ruhe! ... Chrr chrr ... Du, Nezuko ...«

Batsch. Batsch. Batsch.

»Weißt du, Nezuko, seit wir uns zum ersten Mal begegnet sind, bin ich in dich verliebt ... Hi hi hi ... Ja ... Wirklich! ... Chraa ... Das Schicksal hat uns zusammengeführt, nicht wahr? ... Ngh ngh ...«

Batsch. Batsch. Batsch. Batsch. Batsch. Batsch. Batsch. Batsch.

»He! Mann! Ich hab gesagt, du störst! Batsch, batsch, batsch, schon die ganze Zeit! Was soll das?! Was ist eigentlich los?! Willst du mich ärgern?! Was habt ihr denn alle gegen mich?!«

Da die Schläge nicht aufhörten, tickte Zenitsu schließlich aus und öffnete die Augen. Doch ...

Es war weder Inosuke noch Tanjiro, der ihn jetzt im dunklen Zimmer ansah, sondern Nezuko, die ihrer Kiste entstiegen war. Als Zenitsu dies erkannte, war seine Wut schlagartig verflogen.

»Ach, du bist's, Nezuko? Wa... wa... was ist denn? Mitten in der Nacht ...«

Zenitsu war mit hochrotem Kopf aufgesprungen und völlig verwirrt.

»Bist du etwa gekommen, weil du mich sehen wolltest? Nein, das kann doch nicht sein ... Ah ... Ha ha ... Ach so, ist es vielleicht, weil Inosuke zu laut geschnarcht hat? Ha ha ... Der Kerl schnarcht wirklich wie ein Warzenschwein ...«

Doch Nezuko schüttelte den Kopf und ihr schwarz glänzendes Haar schwang mit.

»Hm? Nicht Inosuke? War ich es?! Schnarche ich etwa zu laut? Oder knirsche ich mit den Zähnen? Tut mir leid!«

Zenitsu wedelte sinnlos mit den Armen und entschuldigte sich.

Nezuko schüttelte wieder den Kopf und deutete ungeduldig auf die leere Bettstatt neben Zenitsu. »Uuh ...«, stöhnte sie. Daraufhin ließ Zenitsu von seinen unnatürlichen Armbewegungen ab.

»Hm? Was ist denn mit Tanjiro?«

Zenitsu lenkte seinen Blick auf den Futon und zog erstaunt eine Augenbraue hoch. Der Futon, in dem Tanjiro geschlafen hatte, war leer. Auf der anderen Seite, nebenbei erwähnt, lag Inosuke in seinem Futon und schlief wie ein Stein, wobei er eine Rotzblase generierte. Nezuko ließ nervös den Blick durch den Raum schweifen. Als Zenitsu dies sah, begriff er es endlich: Sie suchte nach Tanjiro. Offenbar hatte sie bei Einbruch der Nacht ihre Kiste verlassen, und da Tanjiro nicht zu sehen gewesen war, hatte sie Angst bekommen und Zenitsu geweckt.

Ah, Nezuko ist wirklich zu süß! Sie liebt ihren Bruder sehr ... Ich bin eifersüchtig, Tanjiro! Aber sie hat nicht Inosuke geweckt, sondern mich! Ah, ich liebe dich, Nezuko!

Mit einem verzückten Gesichtsausdruck versuchte der gerührte Zenitsu, Nezuko zu beruhigen: »Er ist sicher nur zur Toilette gegangen und ist gleich wieder hier.«

»Uuh! Uuh!«

Aus irgendeinem Grund schien Nezuko sauer zu sein und schüttelte heftig den Kopf.

»Uuh!«

Zenitsu spürte, dass Nezuko in einem ungewöhnlichen Zustand war. Er lüpfte Tanjiros Futon und fühlte mit der Hand.

»Ah ...«

Tanjiros Bettstatt war kalt, und die Kälte ließ die Röte aus Zenitsus Gesicht weichen. Der Futon war so kalt, dass unmöglich bis eben gerade noch jemand darin gelegen haben konnte. Zenitsu sah sich im Zimmer um und stellte fest, dass Tanjiros Uniform und Sonnenschwert fehlten, während sein am Vortag getragener Kimono stattdessen säuberlich gefaltet dalag.

»Nanu? Wo ist Tanjiro hingegangen?«

Nun war auch Zenitsu besorgt und öffnete die Papierschiebetür, die zum Hof führte. Draußen war es dunkel, und wunderschön funkelten die Sterne.

»Ach so ja, heute ist Neumond ...«

Dann fiel ihm wieder die Sache vom Vortag ein.

Seit die Jungs die junge Braut gesehen hatten, nahm Zenitsu bei Tanjiro ungewöhnliche Laute wahr. Dann gab es da diese Blume namens Hozukikazura, die dem, der sie besaß, die Heirat mit dem geliebten Menschen und größtes Glück ermöglichte. Bei der Erwähnung von Nezukos

Namen hatte Tanjiros Herz merklich lauter geschlagen. Dann war Tanjiro mit den Worten »Ich habe etwas zu erledigen.« den beiden Mädchen gefolgt, die wippende Holzkiste auf seinem Rücken …

Zenitsu wandte sich zu Nezuko um. »Der Kerl wird doch nicht etwa …«

Das Mädchen, das für Tanjiro das Teuerste in dieser Welt und wichtiger als sein eigenes Leben war, drückte nun mit sorgenvoll gerunzelter Stirn den Futon seines Bruders.

Als er die Augen öffnete, bot sich ihm der Anblick eines prachtvollen Sternenhimmels.

»Uh … uh …«

Tanjiro war auf den feuchten Boden gestürzt, von einem Steilhang, der höher gewesen war als erwartet. Glücklicherweise lagen viele verrottende Blätter auf dem Boden, und Tanjiro war so weich gelandet, dass er keine Verletzungen davontrug. Er war nur kurz bewusstlos gewesen.

»Uh!«

Als er aufstehen wollte, entfuhr ihm ein leises Ächzen. Sein ganzer Körper schmerzte, besonders seine Rippen.

Wenn diese, so kurz vor ihrer vollständigen Ausheilung, erneut gebrochen wären, wäre das sehr beschämend. Er würde Frau Hisa, die ihn so aufopferungsvoll gepflegt hatte, nicht unter die Augen treten können.

Warum musste ich auch von einem Steilhang stürzen?!

Voller Scham wegen seines Mangels an Training erhob er sich bemüht sachte. Er spürte immer noch heftige Schmerzen, aber gebrochen schien nichts. Er atmete beruhigt auf, dann hörte er das Rascheln von Zweigen. Dahinter erkannte er die Ursache seines Sturzes, und Tanjiro musste lächeln.

»Nichts passiert? Ein Glück!«

Ein mannshohes Wildschwein starrte ihn finster und grunzend an.

»Pass in Zukunft besser auf, ja?«, sagte Tanjiro lächelnd, was das Wildschwein erneut mit einem Grunzen quittierte.

Einige Stunden zuvor ...

Übermütig war Tanjiro zum Berg gekommen, um eine Hozukikazura zu finden, aber in der Dunkelheit gestaltete sich die Suche nach der Blume schwieriger als gedacht.

Tanjiro war zwar in den Bergen aufgewachsen, aber nicht in diesen Bergen. In unbekanntem Gelände eine Blume zu suchen, von der er nicht einmal wusste, ob sie überhaupt existierte, erforderte mehr Beharrlichkeit, als er erwartet hatte. Hinzu kam, dass die Zeichnung, die Akane und Akari von der Blume angefertigt hatten, vom gänzlichen Fehlen jeder künstlerischen Begabung zeugte, sodass das Stück Papier ihm nun kein bisschen weiterhalf. Aber immerhin hatte er Hinweise erhalten:

»Man sagt, die Blätter seien leuchtend grün und am Rand gezackt.«

»Ich hab gehört, sie habe fünf Blütenblätter, sie sollen so aussehen, schau her! In so einer Form. Hm ... nein, eher so. Ach Mensch, ist das schlecht gezeichnet.«

»Die Blüten sollen meist dunkelrot sein, aber manchmal auch rot oder weiß. Sonstige Besonderheiten sind ... Ah, da fällt mir ein, ich hab mal gehört, jedes Blütenblatt soll wie das Auge eines Wildschweins geformt sein. Sie sollen sehr schön aussehen. Geruch? Von ihrem Geruch hab ich nichts gehört ...«

Form der Blätter, Anzahl und Farbe der Blütenblätter ... anhand derlei vager Hinweise hatte Tanjiro fleißig nach der mysteriösen Blume gesucht, als plötzlich ein Wildschwein seinen Kopf aus dem Gestrüpp gestreckt hatte. Dieses Tier, dem Inosuke ähnlich sah, stank bestialisch und sein ganzer Körper verströmte den Geruch von Zorn.

Tanjiro erkannte, dass das Wildschwein an einem Beingelenk eine frische und ziemlich tiefe Wunde hatte. Vermutlich war es deshalb so gereizt.

»Du bist verletzt? Zeig mal her! Keine Angst, ich tu dir nichts. Nein, du darfst dich nicht so hin und her bewegen, sonst wird deine Wunde ... Achtung!«

Das Wildschwein tobte wild herum, und Tanjiro versuchte, es zu beruhigen. Dabei fiel es fast den Steilhang hinunter. Tanjiro setzte seinen Körper zum Schutz des Tieres ein, und so war es zur gegenwärtigen Situation gekommen.

»Gut, das dürfte reichen. Pass von nun an besser auf, ja?«

Das Wildschwein hatte sich beruhigt und Tanjiro seine Wunde versorgt. Nun lächelte er das Tier an.

»Also, ich muss jetzt weiter nach der Hozukikazura suchen. Alles Gute!«

Tanjiro wollte gerade aufbrechen, als das Wildschwein sich am Ärmel seiner Überjacke festbiss.

»Uwah! Was ist denn los? Hast du Hunger? Aber das hier ist meine Überjacke, die darfst du nicht essen!«

»Grrr ...«

Das Wildschwein stöhnte tief auf und zerrte an Tanjiros Kleidung.

»Was ist denn? Willst du, dass ich dir folge?«

»Grrr …!«

»Alles klar.« Tanjiro nickte, denn plötzlich verstand er, was das Wildschwein wollte. Es lief los, und wie auf Befehl folgte Tanjiro ihm.

Nachdem sie ein ganzes Stück gegangen waren, erschien hinter dem dichten Gestrüpp eine kleine Höhle in Tanjiros Blickfeld.

»Ah …«

Neben dem Höhleneingang blühte eine dunkelrote Blume. Tanjiro riss beide Augen weit auf. Leuchtend grüne Blätter, fünf sich leicht öffnende Blütenblätter, alle in der Form von Wildschweinaugen. Tanjiros Kehle entwich ein kleiner Laut.

»Ist das eine … Hozukikazura?«

Die vom Tau der Nacht feuchte Blüte war wunderschön und funkelte, als wäre sie mit Sternen besetzt.

In jener Nacht, als er fast seine ganze Familie verloren hatte, war Tanjiro überaus erleichtert gewesen, als er

Nezuko atmend vorfand. Es war seine Rettung und eine große Freude.

Vielleicht war sie zum Dämon geworden, um zu überleben und ihren hasenfüßigen großen Bruder nicht ganz alleine zu lassen ...

Bei diesem Gedanken kamen Tanjiro immer fast die Tränen vor Mitgefühl und Liebe zu seiner jüngeren Schwester.

Nezuko musste schon so früh lernen, duldsam zu sein. Sie war so lieb, dass es Tanjiro fast traurig machte.

Ich schwöre, dass ich niemals zulasse, dass dir noch einmal etwas genommen wird! Ich werde verhindern, dass dir noch einmal jemand etwas antut! Dein großer Bruder sorgt dafür, dass du glücklich wirst! Alles, was ich den anderen nicht geben konnte, will ich dir geben!

»Nanu? Sind die anderen schon auf den Beinen?«

Als Tanjiro zum Hause Hisa zurückkam, herrschte im Zimmer, wo Tanjiro und die anderen übernachteten, ein enormer Lärm, und es brannte Licht, obwohl es noch mitten in der Nacht war. Stimmen drangen bis auf den Gang hinaus.

»Ich sag doch, der Idiot von Tanjiro ist zum Berg gegangen, um diese Blume zu suchen! Ja, mitten in der Nacht! Das ist doch viel zu gefährlich, weil da Dämonen sind! Ich gehe nach ihm suchen und will, dass du mitkommst, das ist alles!«

»Hä? Wieso muss ich mitten in der Nacht nach Kanjiro suchen? Es reicht doch, wenn du gehst, oder?«

»Mitten in der Nacht in den Bergen hab ich aber Angst!! Besonders, wenn ich alleine bin!«

»Tsk … Du Waschlappen. Wieso muss dieser Idiot Tangoro auch im dunklen Wald herumirren?«

»Um eine Blume zu suchen, das hab ich doch gesagt! Hör richtig zu!«

»Eine Blume? Wieso ist der bescheuerte Tontaro in den Wald gegangen, um eine verdammte Blume zu pflücken? Wie ein Waschweib!«

»Wahrscheinlich, weil er von dieser Blume Hozukikazura gehört hat und Nezuko so eine schenken will, dieser Vollidiot!«

»Hokikabura? Ist das was zum Essen?«

»Ho-zu-ki-ka-zu-ra! Du hast doch heute tagsüber auch gehört, was die Mädchen aus dem Dorf erzählt haben! Während du Reiskuchen in dich hineingestopft hast! Erinnerst du dich nicht?«

»An die Reiskuchen erinnere ich mich. Die waren lecker.«

»Du bist so was von bekloppt, Inosuke! Du redest immer nur dummes Zeug, du Idiot‼«

»Sag das noch mal!«

Das gibt es doch nicht! Inosuke nennt mich in einer Tour Idiot und verhunzt alle Namen, schrecklich!

Tanjiro musste schlucken. Er öffnete furchtsam die Tür und trat ins Zimmer. »Ich bin wieder da«, sagte er und wurde Zeuge, wie Inosuke Zenitsu in die Mangel nahm. »Hm? Uwah! Lass Zenitsu in Ruhe, Inosuke!«

Hastig ging er zwischen die beiden, um sie voneinander zu trennen.

»Lass Zenitsu los, Inosuke!«

»Halt's Maul, Tonjiro! Der Kerl hat mich verarscht! Wenn ich ihn nicht zusammenstauche, finde ich keine Ruhe!«

»Kämpfe unter Demon Slayern verstoßen gegen die Regeln. Das sage ich doch immer! Lass ihn jetzt sofort los!«, brüllte Tanjiro und schaffte es mit Mühe, Inosuke von Zenitsu wegzureißen.

»Tsk!«

»Uh … Tanjiro …!«

Der so Angesprochene versuchte sowohl Zenitsu, der sich an ihn klammerte, als auch Inosuke, der verächtlich mit der Zunge schnalzte, zu beschwichtigen.

»Sagt mal, wo ist eigentlich Nezuko? In ihrer Kiste?« Auf diese Frage hin streckte seine Schwester den Kopf aus seinem Futon hervor.

»Ach, da bist du ja.«

Tanjiros Gesichtszüge hellten sich sofort auf, und freudig erregt entnahm er einer Tasche seiner Uniform die sorgfältig dort aufbewahrte Blume. Sie war ein klein wenig geknickt, aber nicht verwelkt. Dann überreichte er mit der rechten Hand die funkelnd schöne Blume seiner Schwester.

»Hier ein Geschenk für dich. Es ist eine Hozukikazura.«

»Mit dieser Blume kannst du den heiraten, den du liebst, und glücklicher als jeder andere werden«, versprach Tanjiro freudestrahlend. Aber auch nach längerer Wartezeit streckte seine Schwester nicht die Hand aus.

Irgendwie schien sie bedrückt. Vielleicht hatte er durch sein plötzliches Verschwinden unnötige Ängste in ihr ausgelöst. Wenn dem so war, tat es ihm sehr leid.

Er bemühte sich, in noch zärtlicherem Ton zu ihr zu sprechen. »Verzeih mir, dass ich dir Sorgen bereitet habe. Die Blume ist schön, nicht?«

Nezuko betrachtete die Blume, nahm sie Tanjiro aus der Hand und steckte sie sich ins Haar. Als sie sah, dass dieser lächelte, lächelte auch sie. Dann nahm sie die Blume wieder aus ihrem Haar und steckte sie Tanjiro ins Haar.

»Hm? Nein, Nezuko, so ist es nicht richtig. Ich brauche sie nicht, sie ist für dich«, sagte Tanjiro. Sofort wich das Lächeln aus Nezukos Gesicht, und sie runzelte die Stirn.

Ah …!

Ihre Augen wirkten schrecklich traurig, und Tanjiro war, als hätte er diesen Blick früher schon einmal an ihr gesehen. Seine Schwester starrte ihn regelrecht an. Und er nahm einen Geruch wahr, der ihm ebenfalls bekannt vorkam und etwas Vorwurfsvolles hatte …

»Es tut mir leid.«

Tanjiro konnte nicht anders, als ihren Blick zu erwidern, und dabei fiel ihm eine Szene aus der Vergangenheit wieder ein.

»Entschuldige dich nicht! Du bist doch mein Bruder! Warum entschuldigst du dich immer?«

Tanjiro erschrak. Er wusste nicht mehr genau, was vorgefallen war, aber Nezuko war sehr wütend gewesen. Nezuko hatte ihn mit einem finsteren Blick angesehen, den man bei ihr selten erlebte. Es war … ja, es war ein kalter Tag gewesen, es fiel Schnee, und man fror bis auf die Knochen. Es war sicher kurz nach dem Tod ihres Vaters.

»Sind wir unglücklich, weil wir arm sind? Sind wir zu bedauern, weil wir keine schönen Kimonos tragen können?«

Nachdem sie das gesagt hatte, sah sie ihren Bruder scharf an. Er nahm einen traurigen Geruch wahr, der weniger Gereiztheit als Zorn ausdrückte.

»Wir haben getan, was wir konnten, aber es half nichts. Wir waren machtlos! Wir sind eben auch nur Menschen ... Nicht immer läuft alles so, wie man es will, aber das geht jedem so!«

Die Nezuko aus seiner Erinnerung verschmolz mit der Nezuko, die er nun im Blauregenhaus vor sich sah. Ihr trauriger Blick gab ihm einen Stich ins Herz.

Nein! Nein, Nezuko! Ich wollte nur, dass du glücklich wirst!

»Ob man glücklich ist oder nicht, kann man selbst entscheiden. Wichtig ist, im Hier und Jetzt zu leben!«

Die Worte seiner Schwester von damals hallten in seinem Innern wider, und in diesem Augenblick fühlte er so etwas wie einen herzhaften Schlag auf seinen Kopf ... Genau: Da sie eine arme Familie waren, konnte sie keinen schönen

Kimono tragen, ihr geliebter Vater war gestorben, auch für die jüngeren Geschwister musste sie jeden Tag hart arbeiten, und für all das hatte er sich bei ihr entschuldigt ...

Und sie hatte nur gesagt: »Bitte entschuldige dich nicht.«

»Du bist doch mein Bruder! Du musst doch meine Gefühle verstehen!«

(Ah ...)

Beide, Nezuko und er, fühlten das Gleiche.

Er wollte seine Schwester unter allen Umständen wieder zu einem Menschen machen. Er wollte alles dafür tun, dass sie eine schöne Mädchenjugend verbringen konnte. Und er hoffte, dass sie den Mann, den sie liebte, bekommen würde. Es gab niemanden, dem er so viel Glück wünschte wie Nezuko.

Diese Gedanken hegte er jeden Tag. Aber Nezuko ging es ganz genauso. Sie dachte ebenso oft an ihren Bruder wie er an sie. Deswegen hatte sie die Blume des Glücks auch ihm ins Haar gesteckt. Nezuko war am Leben und hatte eine Zukunft, sie war kein hoffnungsloses Mädchen. Nach dem Tod ihrer Eltern und ihrer Verwandlung in einen Dämon hatte sie natürlich immer noch ein hartes Leben.

Doch sie war vom gnädigen Herrn als Mitglied der Demon Slayer anerkannt worden, hatte rücksichtsvolle Freunde, und es gab sogar einen Mann, der sich kein bisschen an ihrem Zustand störte und ihr Liebe entgegenbrachte.

Und Tanjiro kämpfte dafür, dass seine Schwester eine glückliche Zukunft haben würde.

Er zog seine Schwester näher an sich heran und umarmte sie herzlich.

»Danke, Nezuko!«

Auch sie drückte Tanjiro nun ganz fest. Dies und die von ihr ausgehende Körperwärme ließen Tränen aus seinen Augen fließen. Und so verharrten beide für eine Weile in wortloser Umarmung, bis Inosuke verwundert fragte: »He, warum weinst du denn? Tut dir was weh?«

»Inosuke!« Zenitsu, der aus Sympathie mitgeweint hatte, wies ihn leise zurecht: »Bist du wirklich so unsensibel? Wenn du nicht spürst, was in der Luft liegt, dann halte wenigstens den Rand.«

»Und? Warum ist Soichiro denn nun auf den Berg gestiegen?«

»Sag mal … Hast du vorhin nicht gehört, was ich gesagt habe? Er ist auf den Berg gestiegen, um eine Hozukikazura zu pflücken.«

Zenitsu deutete auf die Blume in Tanjiros Haar. Inosuke warf träge einen flüchtigen Block auf die Blume und sagte: »Aber das ist keine Hokikabura.« Es klang, als ob es eine Lappalie sei, die nichts mit ihm zu tun hätte.

»Was?«, erklang es exakt gleichzeitig aus den Mündern von Tanjiro und Zenitsu.

»Gestern ist echt so einiges schiefgelaufen ...«

Am nächsten Morgen saß Tanjiro auf einer Bank und ließ sich faul von der Sonne bescheinen, als Zenitsu ihn schüchtern ansprach. Derweil rannte Inosuke wie wild im Garten herum und brüllte: »Hals über Kopf!«

Neben ihnen stand die Holzkiste mit Nezuko.

Es hatte sich herausgestellt, dass Tanjiro in der vergangenen Nacht keine Hozukikazura, sondern eine Inomemodoki gepflückt hatte. Da die Blütenblätter sehr süß schmecken, sind sie bei den Tieren des Waldes beliebt, außer bei Wildschweinen, die sie aus irgendeinem Grund nicht mögen. Deswegen blühen um die Schlafstätten von Wildschweinen herum viele Exemplare dieser Spezies, hieß es. Anders gesagt, das Wildschwein der vergangenen

Nacht hatte nicht etwa Tanjiros Ansinnen verstanden, sondern sich vermutlich nur bei ihm für die Versorgung seiner Wunde und die Rettung seines Lebens bedanken wollen und ihn deshalb zu seiner Schlafstätte eingeladen. Übrigens, die Inomemodoki blühte nicht nur in Neumond-, sondern auch in Vollmondnächten und auch am Morgen und tagsüber wie andere Blumen auch.

»Das war meine Schuld, weil ich sagte, dass Mädchen sich über so was freuen und es die Blume vielleicht wirklich gibt, stimmt's? Ich hätte das nicht sagen sollen.«

»Nein, ich hab sie aus eigenem Antrieb gesucht, du bist kein bisschen schuld daran, Zenitsu«, sagte Tanjiro lächelnd und schüttelte den Kopf.

»Du hat gestern gesagt, dass du komische Laute von mir hörst, nicht wahr?«

»Was? Ah ... Ja, das hab ich gesagt, warum?«

»Ich hab es in dem Moment selbst nicht kapiert, aber nachdem ich die junge Toyo gesehen hatte, die Braut, die so glücklich schien, hatte ich Mitleid mit Nezuko, weil sie das Sonnenlicht nicht genießen kann.«

Sie konnte nicht nur keinen schönen Kimono tragen und unter dem Sonnenlicht leben, sie musste auch an blutigen Kämpfen teilnehmen, in denen sie verletzt wurde, und sie durfte keine schöne Jugendzeit erleben wie andere Mädchen in ihrem Alter.

All das tat ihm unerträglich leid, und er wusste nicht, was er dagegen tun sollte.

»Aber Nezuko ist ...«

Nezuko war keine, die ob ihres Schicksals in Selbstmitleid zerfloss. Sie versuchte, im Hier und Jetzt zu leben, so wie sie es auch in ihrer Zeit als Mensch getan hatte. Vor allem aber wollte sie selbst bestimmen, was ihr Glück sein sollte. Das mochte die Heirat mit einem geliebten Menschen und das lebenslange Zusammenleben mit ihm sein, oder auch etwas anderes.

Jedenfalls hatte Tanjiro als ihr Bruder nicht darüber zu bestimmen. Trotzdem hatte er festgelegt, dass sie derzeit »unglücklich« sei, und versucht, ihr ein »Glück« aufzudrängen.

»Was ich jetzt tun sollte, ist Muzan Kibutsuji zu besiegen, Nezuko schnell wieder zu einem Menschen zu machen und meine Familie zu rächen.«

»Tanjiro ...«

Auf Tanjiros entschlossene Worte hin schniefte Zenitsu durch die Nase und flüsterte: »Ich tue auch, was ich kann!

Ich hab zwar eine Heidenangst und muss zugeben, dass ich ein völlig nutzloser Schwächling bin und wahrscheinlich bei der leichtesten Herausforderung sterbe … Also bitte ich darum, von mir nichts zu erwarten, aber soweit ich kann, gebe ich mir alle Mühe.«

»Zenitsu …«

»Ich will wirklich, dass du keine Erwartungen an mich hast!«

Er hatte so wenig Selbstvertrauen, dass er diesen Punkt sogar zweimal betonte. Trotzdem freute sich Tanjiro über Zenitsus Freundlichkeit.

»He, ihr! Macht gefälligst auch Lauftraining, bis ihr Blut spuckt!«

Inosukes Gebrüll hallte nicht nur durch den Garten, sondern durchs ganze Dorf und vertrieb jäh die trübe Stimmung.

»Um Vasall Nummer drei wieder zu einem Menschen zu machen, müssen wir den Boss der Dämonen besiegen, oder? Da bleibt uns nichts anderes übrig, als stärker zu werden! Also hört auf, faul herumzuhängen, ihr Idioten!«

»Was soll das heißen, Vasall Nummer drei? Rede nicht so über Nezuko!«, entrüstete sich Zenitsu, aber Tanjiro lachte: »Inosuke hat ganz recht!«

Er war fast geblendet von Inosukes geradliniger Entschlossenheit.

»Wir müssen stärker werden.«

»Sag ich doch!«

»Was redest du da, Tanjiro? Deine Rippen sind noch nicht wieder heil, oder? So was dauert! Und wir sind doch hier, um uns zu erholen! Wieso sollen wir jetzt laufen, bis wir Blut spucken? Das ist so was von grundsätzlich der falsche Ansatz!«

»Hey, Vasallen! Folgt eurem Herrn Inosuke!«

Inosukes wildes Gebrüll übertönte Zenitsus Gemecker völlig. Und im nächsten Moment trug der Wind weitere Stimmen zu ihnen herüber ...

»Platz da für die Prozession mit der Braut!«

Es waren die grölenden Stimmen der jungen Leute aus dem Dorf. Tanjiro schloss langsam die Augen und in seiner Vorstellung erschienen die Gestalt der jungen, unschuldig wirkenden Braut, Frau Hisas freundliches Lächeln und Akane und Akari, wie sie mit geröteten Wangen und leuchtenden Augen die Prozession verfolgten.

Er streichelte mit einer Hand die Kiste neben sich, und aus dieser kam wie als Antwort ein leises, aber sehr zärtlich klingendes Geräusch.

Und es war keine einzige Wolke am Himmel.

KAPITEL 2

Für wen?

»Nezuko, pass auf, wo du hintrittst!«

Auf dem Weg war eine kleine Stufe. Zenitsu reichte Nezuko die Hand, und diese nahm sie an und hielt sie fest.

Uwaaah, hat sie weiche Hände! Ich halte Nezukos Hand! Ich halte Nezukos Hand! Yaaay!

Bei der sanften Berührung mit Nezukos Hand kam der Frauenfreund Zenitsu voll auf seine Kosten, und er genoss das in ihm aufwallende Glücksgefühl.

Bei dem harten »Volle Konzentration – Permanent«-Training, dem sich Zenitsu tagsüber unterziehen musste, waren diese kurzen Momente, wenn er im Mondschein mit Nezuko spazieren ging, ein Quell der Glückseligkeit. Dies mit erhobenem Haupt zu tun, war ihm jedoch erst durch die Erlaubnis von ihrem Bruder Tanjiro und von Shinobu Kocho, der Hausherrin möglich. Nur bei diesen kurzen Ausflügen erschien ihm plötzlich die ganze Welt in einem anderen, strahlenden Licht.

In seinen Augen segnete die beiden selbst die Mondsichel am Himmel.

»Gleich erreichen wir eine Wiese, wo ganz viele Blumen blühen! Bist du auch nicht müde? Ah, da gibt es auch viel Weißklee, ich mach dir einen Blumenkranz!«, sagte er errötend.

Die geknebelte Nezuko hob den Kopf, sah Zenitsu an, zog ihr wohlgeformtes Kinn ein und nickte. Bei diesem lieblichen Anblick dachte Zenitsu aufrichtig: *Ach, bin ich froh, am Leben zu sein! Es ist wirklich ein Glück, dass ich keine Spinne geworden bin!*

»Schau, Nezuko! Wir sind da!«

Sie hatten eine Stelle erreicht, die nicht weit vom Schmetterlingsanwesen entfernt war, und Nezuko strahlte. Die Wiese war voller blühender Blumen. Wenn selbst Zenitsu verzückt war, kann man sich vorstellen, was in Nezukos Mädchenherz vorging.

Freudig erregt betrachtete Nezuko die ganze vom Mondlicht erhellte Umgebung. Dies zauberte ein Lächeln auf Zenitsus Gesicht, der nun begann, wie versprochen Weißklee zu pflücken. Er wollte möglichst viele sammeln, um ihr viele schöne Blumenkränze basteln zu können.

Das war schon immer mein einziges Talent …

So ein weißer Blumenkranz würde sicher gut zu Nezukos glänzend schwarzem Haar passen.

Einen Kranz bastle ich nur mit Weißklee, bei den anderen füge ich vielleicht noch andere Blumen hinzu, um sie farbenfroher zu machen.

Mit diesen Gedanken im Hinterkopf sagte er: »Sag, Nezuko, welche Blumen magst du am … «, und hielt dann inne.

Als er in einer Ecke der Wiese eine gelbe Blume erblickte, kehrte eine verschüttete Erinnerung zurück.

Diese Blume …

Es war eine Erinnerung aus der Zeit, bevor er Tanjiro und Inosuke kennengelernt hatte, als er unter einer ehemaligen Säule trainiert hatte.

»So, jetzt hab ich's irgendwie geschafft, dem Opa zu entkommen …«, seufzte Zenitsu erleichtert. Er hatte sich hinter einem Baum versteckt und beobachtete nun die Umgebung. »Der Opa ist jetzt sicher stocksauer!«

Er hatte zwar ein wenig Schuldgefühle, aber so konnte es nicht weitergehen. Es war wirklich nicht mehr witzig. Bei diesem Training hätte er sterben können!

Sein alter, aber verteufelt rüstiger Ausbilder Jigoro Kuwajima hatte immer gesagt: »Von dem bisschen stirbst du nicht!« Aber nun war Zenitsu wirklich in Lebensgefahr gewesen. Bei einer Blondfärbung seiner Haare durch Blitzschlag wäre es sicher nicht geblieben.

Es tut mir leid, Opa … Aber ich bin einfach nicht für so was geschaffen. Vergessen Sie mich einfach! Nein, das will ich eigentlich nicht, es wäre schon schön, wenn Sie ab und zu an mich denken würden, aber … Es tut mir so leid. Ich mochte Sie wirklich sehr, aber nun bin ich an meine Grenzen gestoßen.

So entschuldigte Zenitsu sich innerlich bei seinem Ausbilder, während er sich beeilte, noch vor dem Sonnenuntergang vom Berg abzusteigen. Es dämmerte bereits.

Seine ersten Pläne nach Ankunft in der Stadt waren der Verzehr von leckeren Manju-Klößen und die ausgiebige Begutachtung der vorbeikommenden Mädchen. Da er nun nicht mehr heimlich nachts trainieren musste, konnte er sich seit Langem auch mal wieder eine geruhsame Nacht mit ausreichend Schlaf gönnen. Und der Besuch eines Lichtspielhauses wäre vielleicht auch nicht schlecht …

Von diesen Gedanken beflügelt, stieg Zenitsu leichten Schrittes abwärts, doch am Fuß des Berges angekommen, hielt er inne.

Mit seinem extrem guten Gehör nahm er die wehklagende Stimme eines Mädchens wahr.

»Oh nein! Da weint ein Mädchen!«

Wie verwandelt nahm Zenitsus Gesicht nun einen kühnen Ausdruck an. Er zwängte sich zwischen dicht stehenden Bäumen hindurch, sprang über einen Bach, rannte einen Steilhang hinunter zu dem Ort, von dem das Wehklagen erklang. Ein Mädchen hockte weinend im Gebüsch, ganz in einen weißen Kimono gekleidet.

»Hallo? Alles in Ordnung? Geht es dir schlecht?«

»Uwah ...!«

Als Zenitsu sie ansprach, zuckte sie erschrocken zusammen. Sie drehte sich furchtsam um, sah Zenitsu und entspannte erleichtert die Schultern. Dann begann sie wieder zu weinen.

»Uwäh ... wäh ...«

»Oh, Entschuldigung ... Ich hab dich erschreckt, nicht wahr? Sag mal, fehlt dir wirklich nichts? Tut dir irgendwas weh?«

Auf Zenitsus zähes Nachfragen hin hob das Mädchen schließlich den Kopf, und unbeabsichtigt trafen sich ihre Blicke. Die Wimpern des Mädchens waren lang wie Vogelfedern und feucht von Tränen. Es war wirklich wunderschön.

Uwah ...!

Zenitsu fühlte einen Stich durchs Herz und hielt sich die linke Brust. Was ihn getroffen hatte, war natürlich ein Liebespfeil.

Vielleicht lag es daran, dass er ohne Eltern und die Nestwärme einer Familie aufgewachsen war? Jedenfalls sehnte er sich viel mehr als andere Menschen nach Liebe (und späterer Ehe), und er verliebte sich verdammt leicht.

Auch diesmal war er sofort hin und weg und liebte das Mädchen, das da vor ihm hockte und weinte. Er war ganz aufgeregt und wollte unbedingt die Tränen stoppen.

»Ähm ... hör mal ... Willst du mir nicht sagen, warum du weinst? Vielleicht kann ich dir ja irgendwie helfen‼«

Das Mädchen schwieg.

»Ich heiße Zenitsu Agatsuma. Ich habe weiter oben am Berg mit einem alten Mann, meinem Ausbilder, Schwertkampf geübt.«

»Schwert... kampf?«

Zenitsu dachte, sie würde sich unsicher fühlen, mit einem Wildfremden zu sprechen, deswegen stellte er sich erst mal vor, und daraufhin änderte sich auch der »Laut«, der von diesem Mädchen ausging.

Nun klang der Laut ein wenig zuversichtlicher und deutete auf einen Hoffnungsschimmer inmitten tiefer Verzweiflung hin. Zenitsu erkannte, dass er selbst dieser Hoffnungsschimmer war, und seine Stimme wurde aufmunternder.

»Komm, sprich doch einfach mit mir, magst du es nicht mal versuchen?«

Als Zenitsu sie so energisch bat, hörte sie schließlich abrupt auf zu weinen.

»Ich heiße Sayuri«, stellte sie sich mit bebender Stimme vor. »Ich lebe mit meiner Mutter, meinem Stiefvater und meinen beiden älteren Stiefschwestern zusammen in dem Dorf da vorne, das schützend von Blauregen umgeben ist.«

»Aha! Du heißt also Sayuri, das ist ein hübscher Name. Und? Warum bist du heute hier in die Berge gekommen? Und dann auch noch in einem Kimono, in dem man nicht gut gehen kann …«

Zenitsu freute sich, den Namen des Mädchens erfahren zu haben, und wedelte mit den Armen, woraufhin sein Gegenüber traurig die Augenbrauen senkte.

»Weißt du, vor ein paar Tagen ist nachts mein Stiefvater hier in den Bergen einem Dämon begegnet … Er konnte mit knapper Not verhindern, von ihm gefressen zu werden, aber dafür hat er versprochen, ihm seine Stieftochter zu opfern!«

»Was? Einem Dämon? Dich? Das ist ja wohl das Letzte! Das ist einfach zu grausam, oder?«

»Aber es lässt sich nicht ändern ... Ohne meinen Stiefvater wären nämlich meine Mutter und meine Stiefschwestern nicht mehr am Leben.«

Sayuri senkte den Blick, und sofort tropften die auf ihren Wimpern verbliebenen Tränen auf ihre Wangen hinab. Ihr am Hinterkopf hochgestecktes schwarzes Haar war unvergleichlich schön.

Als Zenitsu dieser Schönheit gewahr wurde, schrie er unüberlegt: »Ich ...«

»Ich werde an deiner Stelle zu dem Dämon gehen und ihn ruck-zuck fertigmachen! Warte du einfach hier am Fuß des Berges!«

Zenitsu ging durch den dunklen Wald und bereute bereits, was er zu Sayuri gesagt hatte.

Als Verkleidung trug er nun Sayuris Kimono, aber die Schleppe war so aberwitzig lang, dass er jeden Moment zu stolpern drohte. Außerdem verbarg er sein Schwert auf dem Rücken, was das Gehen zusätzlich erschwerte. Vor allem aber hatte Zenitsu eine Heidenangst, weil er nun bald gegen einen Dämon kämpfen würde.

Moment mal, das schaffe ich nie im Leben, oder?

Ich kann nicht alleine einen Dämon erledigen!

Von wegen »ruck-zuck« ... Wieso musste ich »ruck-zuck« sagen?

Das schaffe ich nicht! Das kann ich nicht!

Vielleicht sollte ich zum Opa zurückgehen, ihn um Verzeihung bitten und darum, mit mir zu dem Dämon zu gehen?

Aber dafür reicht die Zeit nicht!

Ah, ich werde sicher sterben ... Ich bin schon so gut wie tot!

Zenitsus Stimme der Vernunft brüllte unaufhörlich durch seinen Kopf. Er wollte am liebsten jämmerlich losheulen und sofort die Flucht ergreifen. Andererseits wusste er aber auch, dass nur er die Tränen jenes lieblichen Mädchens würde stoppen können.

Sayuri ... Sie hat sich so wahnsinnig gefreut!

Als Zenitsu zu Sayuri gesagt hatte, dass er den Dämon töten würde, war sie wieder in Tränen ausgebrochen. Sehr helle Laute von Hoffnung und Freude waren lauter geworden, aber andererseits auch die Laute von Schuldgefühlen ... und dann hatte sich deutlich auch der Laut von Verwirrung hinzugemischt. Wahrscheinlich belastete es ihr Gewissen, einen ihr völlig fremden Menschen auf eine so gefährliche Mission zu schicken. Es waren sehr komplizierte, schmerzhafte Laute.

Sie ist ein sehr mitfühlendes Mädchen.

Er erinnerte sich an den bebenden Laut, als Sayuri weinend seine Hände nahm und ihn bat, heil zurückzukehren.

Weder ihrem Stiefvater, der sie, eine nicht mal Blutsverwandte, dem Dämon auslieferte, noch ihrer Mutter, die ihn nicht davon abhielt, hatte Sayuri Vorwürfe gemacht. Auch und gerade deshalb wollte Zenitsu etwas für sie tun. Selbst wenn er Gefühle für das Mädchen hegte und sich mannhaft ein Herz gefasst hatte, änderte das an seiner Heidenangst vor dem Dämon gar nichts. Auf dem Weg zu dem Ort, an dem Sayuris Stiefvater und der Dämon verabredet waren, war Zenitsu immer wieder drauf und dran zu fliehen, schaffte es aber jedes Mal, diesem Drang nicht nachzugeben.

Hoch am Himmel war eine dünne Mondsichel zu sehen. Zenitsu sah durch die Bäume zu ihm auf und flehte: »Hoffentlich ist es ein kleiner und schwacher Dämon!«

Dann machte der Dämon einen Laut.

»Uwah!«

Zenitsu schrie unwillkürlich auf und hielt sich sofort beide Hände vor den Mund. Der Laut, den er gehört hatte, war das Geräusch eines Dämons, der sich beim Gedanken an das leckere, weiche Mädchenfleisch, das ihn erwartete, die Lippen leckte, ein Laut von Gier und Grausamkeit.

Zenitsu zitterte am ganzen Leib und stand regungslos da. Er konnte nicht weitergehen. So sehr er sich auch bemühte, er konnte keinen weiteren Schritt vorwärts machen. Während er so im dunklen Wald atemlos dastand, erschien aus dem Gestrüpp heraus ein gigantischer Dämon. Seine ungewöhnliche Gestalt stach sofort ins Auge. Aus seinem Rücken wuchsen insgesamt drei riesige Arme, die jeweils eine große Sichel hielten. Sein enormer Mund reichte bis zu den Ohren, darüber hatte er sechs kleine Augen, die erbarmungslos in der Finsternis funkelten.

Oh nein. Ich bin erledigt! Das ist mein Tod. Verzeih mir, Sayuri ... Es tut mir leid!

Die massive Gestalt des Dämons, die ihm vorkam, als würde sie zu den Wolken reichen, war so abscheulich, dass Zenitsus Zähne bis in die Wurzeln hinein klapperten.

Hah hah hah ... hah hah hah hah ... hah hah hah ...

Zenitsu ließ ein derbes Hecheln hören, das sich nicht nach dem Atem eines jungen Mädchens anhörte.

»Bist du die jüngste Tochter von dem Alten?«, fragte der Dämon mit heiserer Stimme.

Zenitsus Herz kam ihm fast zum Mund heraus, aber er konnte es mit Ach und Krach verhindern. Alles, was er als Antwort herausbrachte, war: »J-j-j-a …«

Dass sich seine Stimme sehr unnatürlich anhörte, konnte er nicht verhindern.

»I-i-ich heiße Zenko.«

Der Dämon warf einen flüchtigen Blick auf Zenitsu, sagte: »Der Alte hat mich angelogen, um sein Leben zu retten! Dieses hässliche Ding soll also ›das schönste Mädchen im ganzen Dorf‹ sein?« Er ließ wütend seine Zunge schnalzen.

Um sich als Sayuri ausgeben zu können, hatte Zenitsu sich mühsam die Haare zusammengebunden, und mit ausgedrückten roten Blütenblättern versucht, gerötete Wangen zu simulieren. Doch er blieb nichtsdestotrotz nur ein als Mädchen verkleideter Junge.

Es gab viele Dämonen, die junge, hübsche Mädchen als Beute bevorzugten, und auch dieser pflegte wohl die gleiche Vorliebe. Er machte seiner Enttäuschung und seinem Ärger Luft.

Zenitsu zitterte vor Furcht.

»Na gut. Dann zerstückle und fresse ich dich zuerst. Und wenn die Jahreszeit kommt, in der der abscheuliche Blauregen welkt, fresse ich vor seinen Augen seine beiden anderen Töchter und seine Frau, als Strafe dafür, dass er mich zum Narren gehalten hat!«, verkündete der Dämon in gehässigem Tonfall, während er sich den Geifer abwischte. Seine blutrünstige Stimme war ein Laut voller Freude an der Grausamkeit, eiskalt und ohne die geringste menschliche Wärme.

»Zuerst«, grummelte der Dämon geifernd, »steche ich dir mit den Spitzen dieser Sicheln die Augen aus, und dann die Zunge. Und danach …«

»Gyaaaaah …«

Vor lauter panischer Angst konnte Zenitsu keinen klaren Gedanken mehr fassen.

In seinem Hinterkopf hörte er ein Geräusch, als ob ein Faden reißen würde, und dann wurde alles schwarz.

»Ngah …?!«

Zenitsu wachte davon auf, dass ein Gegenstand auf dem Boden auftraf, und prüfte sofort die Umgebung. Dann bemerkte er zu seinen Füßen den Kopf des Dämons.

»Gyaaaaah!«

Ein gewaltiger Aufschrei schallte durch den finsteren Wald. Als Zenitsu erschrocken wegsprang, trat er den Kopf, der mit einem ekelhaften Geräusch wegkullerte. Dabei spritzte aus dem Mund Blut in alle Richtungen.

»Hyaaaaaaaah! Neiiiiiin!«

Die sechs Augen des Dämons waren blutunterlaufen, als würden sie Unglaubliches erblicken. Der Kopf schien mit einem einzigen Schwerthieb scharf abgetrennt worden zu sein, denn die Schnittfläche sah glatt und sauber aus. Der Dämonenkopf lag da wie ein durchgeschnittener halber Rettich.

»Was, was, was? Wieso ist er tot? So mir nichts dir nichts? Ich kann nicht mehr! Oh neiiiin!«

Zenitsu fing an zu heulen.

»Wieso ist plötzlich sein Kopf ab? Wieso? Das ist zu gruselig! Ich hasse es! Was soll das?«

Zenitsu verstand überhaupt nichts mehr. Nicht, warum plötzlich Kopf und Rumpf des Dämons getrennt voneinander dalagen, und auch nicht, wieso er sein Schwert in der Hand hielt, das er zuvor noch am Rücken versteckt hatte, und warum der völlig weiße Kimono überall mit dem Blut des Dämons bespritzt war.

»Hat mich jemand gerettet? Wo ist er? Wieso hat er ausgerechnet einen wie mich gerettet?«

Weinend sah Zenitsu sich um. Aber nirgends war ein Mensch zu sehen. Und dann …

Ah!

Ihm wurde klar, dass es auf dieser Welt nur eine Person geben konnte, die ihn retten würde.

»Der Opa …!«

Vermutlich hatte Jigoro Kuwajima ihn zurückholen wollen und ihn dann vor dem Dämon gerettet. Aus Verständnis für Zenitsus Lage war er danach freundlicherweise wieder verschwunden, bevor Zenitsu erwachte. Zenitsu war voller Dankbarkeit und Reue.

»Lehrmeister … Vielen Dank! Sayuri und ich werden sicher glücklich miteinander, ich verspreche es! Vielen Dank für alles! Vielen, vielen Dank, dass Sie mich gerettet haben! Alles Gute für Sie!«

Zenitsu steckte weinend das Schwert zurück in die Scheide, verbeugte sich tief vor den Bäumen in der Dunkelheit und verließ diesen Ort dann, wie um einen Schlussstrich zu ziehen.

Ein mit einem Stock bewaffneter Mann bewegte sich raschelnd durchs Gestrüpp und sah Zenitsu nach.

»Dieser dumme Schüler ...!«

Seine geflüsterte Stimme klang unheimlich traurig. »Ich habe dir doch gesagt, dass du genug Talent hast, um jedem Gegner die Stirn zu bieten. Warum hörst du nicht auf mich?«

Sayuri wartet auf mich. Da vorne wartet Sayuri auf mich!

Zenitsu hielt Lilien in der Hand, die er auf dem Weg zum Fuß des Berges gepflückt hatte, und war wie in Ekstase.

»Danke, Zenitsu. Ich mag dich!«

Vor seinem inneren Auge erschien Sayuris erfreutes Gesicht, und aus Verlegenheit stieß er ein schauerliches Kichern aus. Auf dem Bergweg vor ihm kam ein Mädchen in Sicht, das seinen Kimono trug.

»Ah! Sayuri ...«

Er wollte ihr schon zuwinken, aber konnte sich gerade noch rechtzeitig zurückhalten.

Sayuri war nicht alleine. Neben ihr stand ein ziemlich schlicht wirkender Junge, der ebenso unsicher zurückblickte.

»Zenitsu ...«

Sayuris Augen füllten sich mit Tränen.

Dann verstand Zenitsu alles.

Zenitsus Gefühle zu ihr gingen über reines Mitleid hinaus, und so war er bereit gewesen, an ihrer statt in den Tod zu gehen. Aber sie hatte schon einen Liebhaber. Das war wohl der Grund gewesen, warum ihre Laute so kompliziert und schmerzhaft geklungen hatten. Doch Sayuri hatte Zenitsu nicht willentlich getäuscht. Sie hatte es ihm nur nicht gesagt. Weil sie nicht sterben wollte, weil sie überleben wollte, war sie bereit gewesen, nach jedem Strohhalm zu greifen, und hatte es ihm deshalb verschwiegen.

Sayuri war nicht wie das Mädchen, das ihn um sein Geld geprellt hatte und dann mit ihrem Liebhaber durchgebrannt war. Sayuris Laute waren klar und deutlich bei ihm angekommen. Aber Zenitsu hatte sie zu seinen eigenen Gunsten interpretiert. Und nun beinhalteten ihre Laute: »Es tut mir leid, es tut mir leid.« Es war zum Verzweifeln.

Du musst dir keine Vorwürfe machen, Sayuri!

Zenitsu nahm war, wie die hochfliegenden Gefühle tief in seinem Innern erkalteten, und lächelte das Mädchen dennoch warmherzig an. Aber in seinem Herzen fühlte er einen Stich.

»Der Dämon ist tot, du musst keine Angst mehr haben.«

»Vi... vielen Dank! Vielen Dank!«

»Vielen herzlichen Dank«, sagte jetzt auch der junge Mann an ihrer Seite. Er verbeugte sich tief.

»Das werde ich dir nie vergessen! Ich bringe Sayuri von ihrem grausamen Stiefvater weg! Vielen, vielen Dank, Herr Demon Slayer!«

Du nervst! Ich hab mich nicht für dich ins Zeug gelegt, sondern für Sayuri! Na ja, den Dämon getötet hat eigentlich der Opa! Verdammter Mist! Und dann bist du auch noch ein gut aussehender Mann und scheinst ein guter Kerl zu sein, das fuchst mich erst recht!

Innerlich weinte Zenitsu blutige Tränen, als er die Blumen für Sayuri hinter seinem Rücken versteckte.

»Zenitsu. Es ... es tut mir leid ...«

Tränen strömten aus Sayuris Augen. Der Laut ihrer Selbstanklagen war herzzerreißend.

»Ich wünsche dir viel Glück, Sayuri.«

»Ja ...«

Sayuri weinte und verbeugte sich immer wieder. Schließlich gingen die beiden eng nebeneinander zurück ins Dorf, und Zenitsu sah ihnen mit einem Lächeln nach.

»U... uh ...«

Als er alleine war, wallten plötzlich Tränen in ihm auf. Mit feuchten Augen sah er die Blumen an, die er eigentlich Sayuri hatte überreichen wollen. Gelbe Lilien. In der Blumensprache, so erinnerte er sich, bedeuteten sie ...

»Heiterkeit« und »Lüge«.

In seinem Herzschmerz wollte er die Blumen auf den Boden werfen, ließ es aber dann doch bleiben. Und während er im Mondschein seine Tränen unterdrückte, bemerkte er jemanden neben sich. Auf einmal stand da Jigoro Kuwajima, sein Lehrmeister. Von ihm gingen strenge, furchterregende, aber auch freundliche Laute aus. Schüchtern hob Zenitsu an zu sprechen: »Äh ... ich ...«

»Du Idiot!«, brüllte Kuwajima. Zenitsu zuckte zusammen. »Ich habe es dir so oft schon gesagt ... Und wieder bist du vor dem Training geflohen! Und dann auch noch in diesen bescheuerten Klamotten! Geht's nicht noch hässlicher?«

»Wah ... Entschuldigung!«

»Meine Güte, es ist wirklich ein Kreuz, so einen dummen Schüler zu haben«, murrte er mit einem Seufzen. Zenitsu krümmte sich vor Scham.

»Aber du bist nicht einfach nur ein Idiot.«

»Äh...«

»Du bist ein Riesenidiot!«

Als Zenitsu versuchte, sich noch kleiner zu machen, schwächte Kuwajima seine Tonlage ein bisschen ab.

»Aber ein netter Riesenidiot.«

»Lehrmeister …«

Als Zenitsu erschrocken den Kopf hob, legte Kuwajima seine Hand auf Zenitsus Kopf. Es war eine grobe und große Hand. Mit dieser Hand hatte er, als er noch eine Säule gewesen war, Dämonen getötet und viele Menschen gerettet. Es war eine Hand, wie Zenitsu sie sich selbst wünschte, die starke und sanfte Hand eines Mannes, dem er immer nachgeeifert hatte.

»Du hast alles richtig gemacht: Du hast das Mädchen nicht missachtet, und du hast nicht deiner Angst nachgegeben, sondern tapfer gekämpft.«

»Nein, Sie haben das Mädchen gerettet, ich war ja völlig unfähig«, sagte Zenitsu deprimiert.

Kuwajima erwiderte verblüfft: »Was redest du da? Glaubst du etwa, ich hätte den Dämon getötet?«

»Hm? Aber so war es doch? Während ich ohnmächtig war, haben Sie …«

»Es warst du, der ihn besiegt hat, Zenitsu!«

»Was?«

Zenitsu riss beide Augen auf. Er verstand gar nichts mehr.

Hä? Was soll das heißen? Er hat den Dämon doch selbst getötet! Wieso behauptet er, ich sei es gewesen?

Zenitsu war zunächst reichlich verwirrt, aber dann fand er so etwas wie eine psychologische Erklärung.

Weil ich nicht vor dem Dämon weggelaufen bin, kam der Opa mir zu Hilfe und tötete den Dämon ... Aber dass ich nicht geflohen bin, bedeutet für ihn vielleicht, dass ich ihn besiegt habe. Das ist es wohl, oder? Der Opa lässt eben einfach vieles ungesagt, daher versteht man nicht so leicht, was er meint ...

Zenitsu glaubte verstanden zu haben und nickte, als Kuwajima den Namen seines Schülers ausrief.

»Zenitsu!«

Es war die strenge Stimme, wie er sie aus dem Training kannte.

»Weißt du, was einen guten Schwertkämpfer ausmacht?«

»Äh ... Er muss stark sein, oder? Ein starker Schwertkämpfer wie Sie!«

Auf Zenitsus Antwort hin wurde Kuwajima ein kleines bisschen verlegen und errötete. Dann räusperte er sich und fragte weiter:

»Und was braucht ein starker Schwertkämpfer?«

»Ähm … das …«

»Milde braucht er«, erklärte er dem stammelnden Zenitsu.

»Milde lässt den menschlichen Geist unendlich zäh und ausdauernd werden. Es gibt kein Schwert, das so stark ist wie das, das man für jemand anderen schwingt. So jemand musst du werden.«

Der sonst immer so griesgrämig nörgelnde alte Lehrmeister sah seinen unwürdigen Schüler mit unendlich sanftem Blick an.

»Du musst stets den Schwachen beistehen und sie beschützen. Gerade weil du selbst sehr gut weißt, was es bedeutet schwach zu sein, bist du dazu in der Lage.«

Kuwajimas sanfter Blick und seine warmen Worte ließen Zenitsus hintere Kehle und Augenwinkel heiß werden, und tief in seiner Nase fühlte er einen stechenden Schmerz.

»Solange du diese Milde nicht verlierst, kannst du sicher ein guter Schwertkämpfer werden.«

»Lehrmeister …«

Tränen flossen nun aus Zenitsus Augen. »Ich … ich …«

Kuwajima streichelte dem schluchzenden Zenitsu lange den gelbhaarigen Kopf.

Auch in jener Nacht stand eine Mondsichel am Himmel.

Was macht Sayuri wohl jetzt?

Zenitsu schloss die Augen halb und betrachtete die im Wind wogenden gelben Lilien, als jemand an seinem Ärmel zupfte. Er sah hin, und da war Nezukos unzufrieden wirkendes Gesicht, was ihn sofort aus seiner Träumerei riss.

»Ah, verzeih, Nezuko! Ich mache dir gleich einen.«

»Muu!«

»Als Entschädigung für meine Unaufmerksamkeit mache ich dir einen ... hm ... schönen Blumenkranz, ja? Ach ja, soll ich deinem Bruder und dem blöden Inosuke auch welche machen?«

Auf Zenitsus muntere Worte hin erstrahlte Nezukos Gesicht zu einem freudigen Lächeln.

»Uuh!«

»Ah ha ha!«

Ihr Lächeln steckte auch Zenitsu an.

Sayuri hatte sicher ein schönes Leben mit ihrem zärtlichen Liebhaber.

Er selbst war weit davon entfernt, ein so zäher Schwertkämpfer zu werden, wie der Opa es beschrieben hatte. Er war immer noch schwach, eine Heulsuse, ein Angsthase, der vor jeder Gefahr Reißaus nahm. Er wusste nicht mal, ob es in ihm überhaupt so etwas wie Milde gab.

Aber irgendwann …

Ja, eines Tages würde er sicher …

Ein solches Gelöbnis legte der Junge vor sich selbst ab, als er für das Mädchen, das er liebte, die schönste aller Blumen auf der Wiese pflückte.

KAPITEL 3

Bericht über den Aufruhr um ein Orakel

»Du hast ein Jonan-Gesicht!«

»Was ...?«

Die Worte tönten bedrohlich aus dem Gedränge und ließen Tanjiro innehalten. Auch Zenitsu und Inosuke an seiner Seite blieben stehen. Tanjiro ließ den Blick über die Szenerie schweifen, um den Sprecher zu finden. An der Kreuzung stand eine kleinwüchsige alte Frau. Sie hatte prächtiges weißes Haar, viele Falten im Gesicht und trug einen hellvioletten Kimono.

Als Tanjiro ihr einen fragenden Blick zuwarf, schüttelte die Frau leicht den Kopf.

»Dich meinte ich nicht«, erklärte sie entschieden. Tanjiro drehte sich zu Inosuke um.

»Den Wildschweinkopf meinte ich auch nicht, sondern den gelbhaarigen jungen Mann da.«

»Was?«

Auf die Worte der Greisin hin erschrak Zenitsu, der bislang gleichgültig und desinteressiert herumgestanden hatte, und deutete mit dem Zeigefinger fragend auf seine eigene Nase.

»Das gibt's doch nicht ... Sie meinen mich?«

»Ja.«

Die ältere Dame nickte angestrengt.

»Was soll das sein, ein Jonan-Gesicht?«, fragte Tanjiro.

»Jonan bedeutet, dass ein Mann durch die Liebe zu Frauen in Katastrophen geführt wird. Und der junge Mann da hat ein solches Gesicht«, antwortete die Frau ernst.

»Was labert die alte Schachtel da? Ist die bescheuert?«

»Inosuke!«, wies Tanjiro denselben zurecht.

»Frecher Kerl! Ich bin keine alte Schachtel!«, gab die Greisin mit furchterregender Stimme zurück. Tanjiro und Zenitsu zuckten unwillkürlich zusammen, aber Inosuke schien gänzlich unbeeindruckt.

»Was bist du dann? Ein alter Tattergreis?«, wagte er zu fragen. »Aber das spielt eigentlich keine Rolle. Bei alten Leuten ist mir das Geschlecht eigentlich egal.«

»Ich meine es gut mir dir. Halte dich heute den ganzen Tag lang von Frauen fern!«

Die Greisin hatte offenbar beschlossen, Inosuke zu ignorieren, und starrte Zenitsu an, als wollte sie Löcher in seine Augen brennen.

»Vermeide so gut es geht den Kontakt mit Frauen!«, wies sie ihn mit ernster Stimme an. »Sprich am besten gar nicht mit ihnen.«

»Das ist doch übertrieben!«

Zenitsu sah Tanjiro lächelnd an, um seine Zustimmung zu erheischen. Doch sein ohnehin leicht verkrampftes Lächeln erstarrte vollends, als die Greisin nachlegte: »Sonst wirst du sterben!«

Nun blickte Zenitsu alarmiert.

»Wenn das schlimmste Unglück eintritt und du in einer Frau zärtliche Gefühle weckst, wirst du mit Sicherheit sterben, und zwar auf die grausamste Art, die du dir vorstellen kannst. Nimm dir das ja zu Herzen!«, warnte die Frau. Dann kramte sie raschelnd in ihrer Tasche und zog einen schon etwas mitgenommenen Talisman hervor. Auf dem abgewetzten, vergilbten Papier standen größtenteils unlesbare Schriftzeichen.

»Mehr, als dich zu beruhigen, vermag der Talisman nicht, aber nimm ihn bitte an dich.«

Nachdem die Greisin Zenitsu den Talisman aufgedrängt hatte, verschwand sie. Sie hatte keine unerhört hohe Gebühr für die Weissagung oder Bezahlung für den Talisman verlangt. Aber gerade diese Tatsache machte die Sache erst recht unheimlich.

Zenitsu stand nach wie vor wie angewurzelt da, als hätte seine Seele bereits seinen Körper verlassen.

»Zenitsu …?«

Tanjiro sprach ihn besorgt an.

»Yaaaaaaah!«

Ein schriller und hässlicher Entsetzensschrei hallte durch die Menge.

»Was soll das?! Also wirklich! Was war das eben? Ich soll sterben … Ich hab Aaaaaangst!«

Zenitsu klammerte sich weiter an Tanjiros Überjacke fest. Er war völlig außer Fassung geraten, und über sein Gesicht flossen unaufhaltsam Schweiß und Tränen.

»Wir waren schon auf dem Heimweg … Wieso sagt die, dass ich sterben werde? Ich kapier das nicht! Ich kapier das nicht!«

»Zenitsu …«

Tanjiro wusste durchaus, wie Zenitsu zumute war. Am Vorabend hatten die drei eine Mission außerhalb der Stadt abgeschlossen und sich danach in einem Haus mit Blauregenwappen erholt. Nun waren sie unterwegs zum Schmetterlingsanwesen und wollten nur noch ein paar Kekse als Mitbringsel einkaufen, denn Shinobu Kocho, die Inhaberin des Schmetterlingsanwesens, hatte sie gebeten:

»Bringt auf dem Rückweg Kekse mit, wenn es euch nichts ausmacht.«

Vermutlich hatte sie sich Sorgen um die drei gemacht, denn seit der Mission im Mugen Train, dem Zug der endlosen Träume, hatten sie wie irre trainiert, und nun wollte sie ihnen unauffällig etwas Gutes tun.

In der großen Stadt gab es natürlich vieles, was man sonst nur selten zu Gesicht bekam. Am Anfang versteckte sich Inosuke noch wegen seiner abnormen Furcht vor Menschenmengen hinter Tanjiros Rücken, doch dann ...

»He! Was ist denn das da?!«

»Da zieht ein Pferd eine große Kiste hinter sich her!!«

»Wieso haben die alle so komische Klamotten an?«

»Da riecht's so lecker! Ist das das Zeug im Teigmantel?!«

Inosuke war sehr aufgeregt. Der als Einziger der drei in einer Stadt aufgewachsene Zenitsu machte ein angewidertes Gesicht und dachte offensichtlich: *Oh Mann, ist der Kerl peinlich!* Er ließ sich derweil aber nicht abhalten, mit großem Eifer Mitbringsel für die Mädchen im Schmetterlingsanwesen auszusuchen. Er dachte daran, welche Knabbereien im Schmetterlingsanwesen häufig gereicht wurden, überlegte hin und her, und entschied sich schließlich für die sicherste Option: Manju-Klöße.

Nachdem er in dem Laden, der als beliebt bei Frauen galt, genügend Manju für alle gekauft hatte, wurde ihm nun also, so kurz vor dem Heimweg, ein Todesurteil ausgesprochen. Da hätte auch jeder andere die Fassung verloren.

»Ich will nicht sterben! Wieso hat sie nur mich angesprochen? Hey, sagt mal, wieso gilt das nur für mich? Warum? Uwääāh!«

»Zenitsu, beruhige dich!«

»Wäh, wäh wäh ... der Kerl nervt.«

Während Tanjiro den weinenden Zenitsu zu trösten versuchte, sagte Inosuke verächtlich: »Heul nicht rum, sondern wappne dich, wenn du ein Mann bist!«

»Sei nicht so gemein!!«

Zenitsu sah Inosuke wütend an. »Du bist echt das Letzte! Ich weiß selbst, dass ich mich wappnen muss. Aber du bist echt so was von gemein! Es kann sein, dass ich sterbe, Mann! Und zwar auf grausame Art, hat sie gesagt!«

»Inosuke, versetz dich mal in Zenitsus Lage!« Tanjiro hatte natürlich Mitleid mit Zenitsu und wollte schlichten. »Da würde doch jeder Angst bekommen, wenn er so was plötzlich gesagt bekäme!«

»Die Alte hat doch nur dummes Zeug gelabert.«

»Das war kein dummes Zeug, sondern eine Weissagung.«

»Das ist doch das Gleiche«, gab Inosuke schroff zurück. Tanjiro mutmaßte, dass Inosuke mit dem Begriff »Weissagung« nichts anzufangen wusste.

»Pass auf, Inosuke, Weissagung bedeutet ...«, versuchte er Inosuke alles von Grund auf zu erklären.

»Eine Weissagung trifft zu oder sie trifft eben nicht zu. Stimmt's?«

Inosuke schien also wider Erwarten gut Bescheid zu wissen. Tanjiro riss die Augen auf.

»Du weißt ja so einiges, Inosuke.«

»Na ja, ich bin ja schließlich der Boss!«

Auf Tanjiros Lob hin warf sich Inosuke in die Brust: »Undisziplinierte Vasallen zu haben ist ein hartes Schicksal!«

Normalerweise hätte Zenitsu nun gesagt: »Was soll das heißen, Vasall? Ich kann mich nicht erinnern, dein Vasall geworden zu sein!« Doch nun hatte er den Gesichtsausdruck eines in die Enge getriebenen, kleinen, scheuen Tieres und lauschte zitternd dem Gespräch der beiden anderen.

Nach einer Gedankenpause nickte Tanjiro und wandte sich Zenitsu zu: »Inosuke hat recht, Zenitsu.«

Als Tanjiros Freund seinen Namen ausgesprochen hörte, zitterten seine Schultern, dann sah er den Sprecher wortlos und mit furchtverzerrtem Gesicht an.

»Auf dieser Welt gibt es keinen Wahrsager, der grundsätzlich immer recht hat. Es kann gar keinen geben.«

Und wenn es doch einen gäbe, dann wäre er ein Gott und kein Mensch.

Aufgrund der unerwarteten Hiobsbotschaft war offenbar nicht nur Zenitsu, sondern auch Tanjiro aus der Fassung geraten. Wenn man die Sache als reines Orakel betrachtete, war es unnötig, sich übermäßig zu fürchten. Als Tanjiro das erklärte, sagte Zenitsu schließlich mit erleichtertem Gesicht: »Du hast recht.« Dann fügte er schniefend hinzu: »Eigentlich sah die Oma eh verdächtig aus, oder? Die war bestimmt eine Betrügerin!«

»Und an der Kreuzung gibt es eine Wahrsagerin, deren Orakel immer zutreffen?« Die fröhliche Stimme eines Mädchens überlagerte das, was Zenitsu gerade sagte.

Zenitsu erstarrte und versteckte sich hinter Tanjiro. Letzterer und Inosuke wandten ihre Blicke in die Richtung, aus der die Stimme gekommen war. Zwei farbenfroh gekleidete Mädchen, die sich unterhielten, kamen nun auf die Jungs zu.

»Ja. Sie soll weiße Haare haben und einen hellvioletten Kimono tragen.«

»Und die hat wirklich in hundert Fällen hundertmal recht?«

»Ja, das soll wirklich wahr sein, habe ich gehört. Eine Bekannte von mir hat getan, was ihr von der Wahrsagerin geraten wurde, dann hat sie einen tollen Mann kennengelernt und ihn zwei Wochen später geheiratet! Solche Geschichten.«

»Ach, ist das toll!!«

»Andererseits soll es auch Leute geben, die ihren Rat missachteten und dann schwer verletzt wurden.«

»Das ist ja schrecklich!«

»Aber wenn man tut, was sie sagt, kann nichts passieren.«

»Ah … Aber ich sehe hier keine, auf die die Beschreibung zutrifft.«

»Stimmt. Wo sie wohl hingegangen ist …?«

Beide Mädchen hatten hübsche Gesichter und suchten nun nach der Wahrsagerin. Zenitsu starrte eines der beiden Mädchen an. Aber nicht mit seinem üblichen notgeilen …

pardon, schwärmerischen Blick. Sein Gesicht war bleich wie das einer Wachsfigur und erstarrte, während unzählige Schweißtropfen auf seiner Stirn erschienen. Ein leises Klappern war zu hören, und es kam von seinen Zähnen.

Oh nein!

»Zen...«

Als Tanjiro Zenitsu daran erinnern wollte, wovon sie gerade gesprochen hatten, entwich Zenitsus Kehle ein Schrei, der dem eines erstickenden Huhnes glich.

»Gyaaaaaaaaaah!«

Sofort waren die Blicke aller Passanten auf ihn gerichtet.

Die besagten Mädchen kreischten und suchten blitzartig das Weite.

»Da habt ihr's! Es stimmt also! Die haben es auch gesagt, von hundert ihrer Weissagungen treffen hundert zu!«

»Reiß dich zusammen!«

Tanjiro richtete den Kameraden auf, der wie ein Krebs nach hinten auf alle viere gefallen war, und gab ihm eine kräftige Ohrfeige.

Damit wollte er ihn auf den Boden der Tatsachen zurückholen, doch Zenitsu schrie auf: »Gyah! Was machst du denn?«

»Krieg dich wieder ein!«

»Das kann ich nicht! Aua, das tut weh!«

»Lass dich nicht von einem Orakel einschüchtern! Bleib stark!«

»Wie soll das gehen?! Die Mädels haben es doch auch gesagt! Ich werde sterben! Ich werde eben doch sterben! Heute! Uaaah!«

Vor lauter Angst entwich ihm ein gruselig klingendes Lachen. Tanjiro wusste nicht mehr weiter, doch Inosuke meldete sich nun wieder zu Wort und ließ abschätzig die Zunge schnalzen: »Jämmerliches Vasallenpack. Hört mir mal zu, nicht nur Monitsu, auch du, Soichiro! Hast selbst du nicht richtig verstanden, was die alte Schachtel gesagt hat?«

Inosuke wandte seinen Wildschweinkopf Tanjiro und Zenitsu zu. Tanjiro zog eine Augenbraue hoch.

»Was meinst du, Inosuke?«

»Jonan heißt doch, dass ein Mann ins Unglück stürzt, weil eine Frau auf ihn abfährt, oder?«

»Ja. Stimmt, das hat sie gesagt.«

Das Gesicht eines solchen Mannes war Zenitsu attestiert worden.

»Und? Glaubst du ernsthaft, dem hier kann so was passieren?«

Zenitsu blickte empört.

»Na also. Die Alte hat also definitiv Blödsinn verzapft«, behauptete Inosuke entschieden. Für einen Moment zögerte Tanjiro, aber dann stimmte er nickend zu.

»Ja, das ergibt Sinn.«

»Wie kannst du nur!«, kreischte Zenitsu. »Ihr seid beide hundsgemeine Schufte! Wollt ihr damit sagen, ich hätte kein Glück bei den Frauen? Ihr meint also, kein Mädchen kann sich in mich verlieben? Von Inosuke erwarte ich ja nichts anderes, aber denkst etwa auch du so, Tanjiro? Und machst ein nettes Gesicht dazu? Verdammt, ich bin schwer enttäuscht!«

Zenitsu schrie so laut, dass fast blutige Tränen aus ihm herausspritzten.

»Nein, das stimmt so nicht ...«

Doch Tanjiro konnte nicht abstreiten, was Zenitsu ihm vorwarf, und als extrem schlechter Lügner war er nun nervös. Um das Thema zu wechseln, erhob er schließlich die Stimme: »Gehen wir so schnell wie möglich zum Schmetterlingsanwesen zurück.«

Denn dort war Shinobu Kocho. Wenn sie mit den Worten »Das war nur ein Orakel, kein Grund zur Sorge.« verständnisvoll auf ihn einwirkte, würde Zenitsu sich sicher beruhigen. Und wenn dann die Nacht käme und der nächste Morgen, würde Zenitsu die ganze Sache mit der Weissagung sicher vergessen haben. Das war Tanjiros Überlegung, doch ...

»Nix da!«, schrie Zenitsu wie angestochen.

»Wir können nicht ins Schmetterlingsanwesen gehen! Tanjiro!«

»Hm? Wieso denn nicht?«

Mit Zenitsus Einspruch hatte Tanjiro nicht gerechnet. Er machte ein perplexes Gesicht. »Warum können wir da nicht hingehen?«

»Wi... Wieso kapierst du das nicht? Im Schmetterlingsanwesen sind sechs weibliche Wesen! **Sechs!** Ist dir das klar?«

Zenitsu zählte alle an den Fingern ab: Frau Kocho, Kanao, Aoi, Kiyo, Sumi und Naho.

Doch auch die Aufzählung machte Tanjiro nicht klar, worin nun eigentlich die Gefahr bestand. Auch Inosuke sah Zenitsu verständnislos an.

»Na und? Was soll mit denen sein, Zenitsu?«

»Was, wenn eine von denen Gefühle für mich entwickelt, was dann? Was, wenn mir eine ein Liebesgeständnis macht? Dann sterbe ich! Dann ist das Mädchen doch auch zu bedauern, oder? Weil sie sich in mich verliebt hat, muss ich sterben! Das ist doch eine Tragödie!«

Doch auch diese Erklärung förderte bei seinen Kameraden kein Verständnis.

»Der Kerl ist und bleibt eine Nervensäge«, grummelte Inosuke lakonisch.

Tanjiro wusste nicht, was er noch sagen sollte, um seinem armen Freund zu helfen.

»Eines steht fest«, murmelte Zenitsu ruhig. »Ich werde heute den ganzen Tag lang weiblichen Wesen aus dem Weg gehen, sie meiden, ihnen fernbleiben! Ihr zwei müsst mich davor beschützen, dass sich ein Mädchen in mich verliebt! Hört ihr, Tanjiro und Inosuke? Ihr müsst mich mit aller Kraft beschützen! Ich muss am Leben bleiben, auch für Nezuko!«

»Wir lassen ihn einfach hier stehen und gehen alleine weiter.«

»Nein, das können wir doch nicht machen!«

Den Wortwechsel zwischen Inosuke und Tanjiro bekam Zenitsu gar nicht mit. Wahrscheinlich beinhalteten seine Gedanken Nezuko, denn heiße Tränen flossen über sein Gesicht. Auf Außenstehende musste die Szene ziemlich unangenehm wirken.

»Dann entsorgen wir ihn irgendwo.«

»Ich hab doch schon gesagt, das dürfen wir nicht, Inosuke!«

»Mach dir keine Sorgen, Nezuko! Ich werde definitiv nicht sterben! Ich werde diese Krise überstehen und dich zum glücklichsten Menschen der Welt machen! Sei ganz beruhigt und heirate mich!«

Zenitsu war weinend und mit geballter Faust in seiner Gedankenwelt versunken und bekam weder Inosukes harte Worte noch Tanjiros sorgenvolles Gesicht mit.

»Bitte sehr, kommen Sie herein!«

Als sie das Gebäude betraten, lächelte sie eine Frau heiter an. Sie waren in einem Café, das zur Straße hin lag. Da Zenitsu sich geweigert hatte, zum Schmetterlingsanwesen zu gehen, und Inosuke Hunger hatte, schien dies den Wünschen beider entgegenzukommen, doch sobald sie eingetreten waren, wurde klar, dass dies doch keine so gute Idee gewesen war.

Oh nein! Hier ist alles voller Frauen!

Ein schickes Café in einer großen Stadt wurde natürlicherweise von vielen Frauen frequentiert. Aus allen Richtungen sahen nun schön gekleidete und geschmückte junge Mädchen zu den dreien her. Die Bedienung, die lächelnd zu ihnen getreten war, trug über ihrem Kimono eine westliche weiße Schürze. Ihr schwarzes Haar war schön zusammengebunden, ihr freundlicher Blick galt Zenitsu und seinen beiden Begleitern.

»Wie viele Plätze brauchen Sie?«

Auf ihre Frage hin klammerte sich Zenitsu wie erwartet an Tanjiros rechtem Arm fest, umfasste mit der anderen Hand den von jener alten Frau erhaltenen abgegriffenen Talisman und begann zu zittern. Und nicht nur das …

»Uuuuh …«

Er gab auch ein bedrohlich wirkendes Stöhnen von sich.

»Wah!«

Das Lächeln der Frau gefror augenblicklich.

»Entschuldigung!«

Sich zu verbeugen und zu entschuldigen war Tanjiros Aufgabe.

»Bitte, hier hinten ist ein Tisch für Sie«, wies die Bedienung ihnen in unnötig hoher Stimmlage einen Tisch zu.

Sie war so verängstigt, dass sie nicht einmal Inosukes Wildschweinkopf bemerkte.

Doch Zenitsus Interpretation selbst dieser Situation lautete, dass die junge Frau seinetwegen verlegen geworden war.

»Was sollen wir jetzt machen? Was sollen wir jetzt machen? Was sollen wir jetzt machen?«, murmelte er. »Was, wenn sie sich in mich verliebt? Was, wenn sie sich in mich verliebt? Was, wenn sie sich in mich verliebt?«

»Zenitsu ...«

»Haah hff hah hah hff ...«

Zenitsus Atem, Schweißentwicklung und Zittern nahmen überhand, und seine Nervosität drang sogar bis zu Tanjiro durch. Besonders sein Schnaufen und sein Handschweiß waren enorm.

»Hör mal, Zenitsu, kannst du dich nicht ein bisschen beruhigen?«

Zenitsu standen die Haare am ganzen Körper zu Berge, und er wurde trotz Tanjiros warmherzigen Ratschlags wütend.

»Was fällt dir ein, so was zu sagen? Ist es dir egal, ob ich sterbe? Macht es dir nichts aus, wenn ich nicht mehr da bin? Ein schöner Freund bist du!«

»Das ist nicht wahr! Es ist mir natürlich nicht egal, ob du stirbst! Aber ich denke nicht, dass du so viel Angst haben musst ...«

Doch Tanjiros Worte drangen nicht zu Zenitsu durch. Letzterer zitterte und murmelte einfach nur unverändert: »Was jetzt? Was jetzt?« Als Tanjiro ratlos zu Inosuke hinübersah, grunzte der nur, als wollte er sagen: »Da hast du's.«

»Wir hätten ihn eben doch irgendwo entsorgen sollen.«

»Sag so was nicht. Du bist doch der Boss, Inosuke.«

»Ah! Ja. Komm, Monitsu. Gehen wir weiter! Ich beschütze dich. Schließlich bin ich dein Boss.«

Auf einmal war Inosuke in bester Laune, und er klopfte Zenitsu aufmunternd auf den Rücken.

Die Bedienung hatte den dreien einen Tisch in der hinterletzten Ecke zugewiesen. Das Café war insgesamt sehr hell, aber aus irgendeinem Grund war die Ecke, wo sie jetzt saßen, recht dunkel und muffig. Die Bedienung hatte diesen Tisch offensichtlich ausgewählt, um die anderen Gäste von den dreien getrennt zu halten, und dies kam Zenitsu und den andern beiden ironischerweise nun zugute. Zenitsu nahm auf dem hintersten Stuhl Platz und hielt die Knie fest umschlossen. Tanjiro saß neben ihm und Inosuke gegenüber. Als Inosuke die Speisekarte in die Hand nahm, waren seine ersten Worte: »Kann ich nicht lesen.«

»Das ist das Hiragana-Zeichen für ›a‹. Das hier ist ›i‹, i wie Inosuke.«

»I wie ich!«

»Und das hier ist ›su‹, danach kommt ›ku‹.«

Tanjiro las ihm jedes einzelne Zeichen vor, als würde er seinen kleinen Bruder unterrichten.

»Uaaaaaaaaah!«

Zenitsu neben ihm ließ einen Schrei los. Erschrocken fragte Tanjiro: »Was ist los?«

Zanitsu deutete mit zitternder Hand auf ein weit entfernt sitzendes Mädchen.

»Die hat mich gesehen und ist erstarrt. Sie ist in mich verliebt!«

»Entschuldige, aber ich verstehe überhaupt nicht, was du meinst, Zenitsu«, sagte Tanjiro traurig. Zenitsu schüttelte theatralisch den Kopf und erklärte mit Verzweiflung in der Stimme: »Alle schauen zu mir her! Vielleicht sind jetzt alle Mädchen im Café in mich verliebt ... Oh Mann ... Was machen wir jetzt, Tanjiro?«

»Der ist nicht mehr zu retten.«

»Inosuke!«

»Er war schon immer ein unangenehmer Typ, aber mittlerweile ist er gefährlich. Der kann Wahn und Wirklichkeit nicht mehr unterscheiden!«

»Inosuke …«, versuchte Tanjiro Inosuke zaghaft zurechtzuweisen, nachdem dieser ausgesprochen hatte, was auszusprechen ihm selbst schwergefallen wäre.

Dann kam eine andere Bedienung als zuvor, um die Bestellung aufzunehmen.

»Verzeihung, was darf ich Ihnen bringen?«

Sie betrachtete Zenitsu mit offensichtlichem Argwohn, ihre Stimme war erhöht und zitterte leicht.

Zenitsu missdeutete dies erneut und begann zu zittern.

»Uah! Sie hat mich beäugt! Sie will mir ein Liebesgeständnis machen! Hundertprozentig! Ich hab Angst! Ich hab Angst! Ich hab Angst! Ich hab Angst!«

»Nun mach mal einen Punkt, Zenitsu!«

Tanjiro schlug Zenitsu auf den Kopf, da selbiger offenbar völlig außer Funktion war. »Sie hat einfach nur Angst vor dir! Hör auf, die Leute hier im Café in Verlegenheit zu bringen!«

Obwohl der Schlag seiner Meinung nach nicht sonderlich stark gewesen war, riss sein Freund die Augen auf und ließ den Kopf auf dem Tisch fallen, als wäre ein vor Nervosität gespannter Faden durchtrennt worden.

Da es nun endlich wieder still war, entschuldigte sich Tanjiro erneut: »Bitte verzeihen Sie den Tumult.«

»K… keine Ursache.«

Die Bedienung hatte schon Tränen in den Augen. Tanjiro wollte sie möglichst schnell aus dieser Situation entlassen, doch die Bezeichnungen auf der Speisekarte sagten ihm nichts, und so war er unschlüssig, was er bestellen sollte.

»He, das da sieht lecker aus, oder?«

Inosuke deutete mit dem Finger auf einen Platz in der Nähe, an dem eine Frau saß und eine Art weißen Kloß aus einem Glasgefäß löffelte. Ihrem Gesichtsausdruck nach zu urteilen, handelte es sich um eine besonders kalte Speise. Das Glasgefäß enthielt auch ein längliches Objekt, das entfernt an einen Reiscracker erinnerte. In der Tat weckte dieser Anblick Tanjiros Interesse am Geschmack dieses Gerichts.

»Das da bitte dreimal«, bestellte er daher.

»Sehr wohl.«

Die Bedienung lächelte offensichtlich erleichtert und verließ fast fluchtartig den Platz.

»Verzeihen Sie, dass Sie so lange warten mussten. Hier kommt unsere hauseigene Eiscreme.«

Die Bedienung brachte das Eis extrem flink, aber es war erneut eine andere Frau. Sie war beängstigend stämmig und hatte einen Körperbau, der gestandene Sumo-Ringer in den Schatten zu stellen vermochte. Allein ihre Arme waren fülliger als Tanjiros oder Zenitsu Beine, und sie war muskulöser als Inosuke.

»Es schmilzt schnell, also genießen Sie es zügig!«

»Wah! Vielen Dank!«

Tanjiro bedankte sich lächelnd. Inosukes Kampfgeist wurde durch die exorbitante Statur der Bedienung geweckt, und er juckte ihn, sie herauszufordern.

»Yaaah! Darauf habe ich gewartet!«

Doch zum Glück waren Inosukes Aufmerksamkeit und Begeisterung nun ganz auf das ihm servierte Essen gerichtet, sodass es zu keiner Katastrophe kam. Er legte seine Wildschweinmaske ab und ergriff den Löffel. Nachdem er ihn gehäuft und zum Mund geführt hatte, stöhnte er: »He-hey ...«

Offensichtlich bebte er vor Ergriffenheit.

»Das ist ja total lecker! Was ist das?«

»Aisukuriimu heißt das anscheinend«, gab Tanjiro die von der Bedienung gehörte Bezeichnung wider. Dann nahm er selbst einen Löffel und ...

»Hm! Lecker!«

Tanjiro machte große Augen. Der Geschmack unterschied sich grundlegend von dem eines Manju-Kloßes. Diese Speise war erstaunlich süß und kalt, und im Mund schmolz sie ganz schnell.

»Lecker! Lecker! Lecker! Lecker!«, rief Inosuke wiederholt und schlang einen Löffel nach dem anderen hinunter.

Wenn Inosuke etwas aß, das ihm schmeckte, war er im Grunde harmlos. Außerdem war sein Gesicht erstaunlich hübsch, was man bei seinem üblichen Auftreten mit Wildschweinmaske nie erwarten würde. Man konnte ihn durchaus einen schönen jungen Mann mit weißem Teint nennen. Vielleicht war das mit ein Grund, warum er nun die Blicke der Frauen im Café auf sich zog.

Dann wachte Zenitsu aus irgendeinem Grund auf.

»Ah?«

»Bist du wieder wach, Zenitsu?«

Tanjiro seufzte erleichtert und setzte hinzu: »Das Aisukuriimu ist da. Es ist total lecker! Iss das, das lenkt dich sicher ab!«

Doch der totenbleiche Zenitsu hörte nicht hin.

»Ich spüre Blicke …«

»Was?«

»Nix da, ›Was?‹! Spürt ihr nicht, dass ganz viele Frauen hierher starren? Was machen wir jetzt? Ich werde sterben, und zwar auf die grausamste Art, die man sich vorstellen kann!«

»Beruhige dich, Zenitsu! Die anderen Gäste fühlen sich schon belästigt!«

»Neiiiiin! Nezuko, Lehrmeister … Hiiiiilfe! Ich will noch nicht sterbeeeeeeeen!«

»Zenitsu!«

Ungeachtet Tanjiros Versuch, ihn zu bändigen, schrie Zenitsu einfach weiter, und die besagte stämmige Bedienung sprach eine freundliche Warnung aus: »Verehrte Herrschaften, es tut mir leid, aber wenn Sie weiterhin hier so einen Lärm machen, müssen wir Sie bitten, unser Café zu verlassen.«

Zenitsu starrte sie an. »Bitte was? Haben Sie eben ›Ich liebe Sie, wenn Sie mich weiterhin verlegen machen, möchte ich Sie bitten, das Café zu verlassen.‹ gesagt?«

Zenitsu hatte die Bedienung auf völlig unmögliche Art missverstanden und begann sofort zu zittern.

»Waaaaah! Ein Geständnis! Sie hat mir ein Geständnis gemacht! Oh neiiiiin!«

Er brüllte aus Leibeskräften, stieß Tanjiro neben ihm weg und rannte aus dem Café. Es blieb nicht mal genug Zeit, ihn durch Rufe aufzuhalten.

»Zenitsu …«

Geistesabwesend sah Tanjiro ihm nach.

Zenitsu war so überstürzt geflohen, dass er sogar den Talisman vergaß, den er vorher so fest in der Hand gehalten hatte. Auf dem Stuhl gegenüber saß Inosuke und aß verzückt seine Eiscreme. Er hatte nicht einmal bemerkt, dass Zenitsu den Tisch verlassen hatte.

Tanjiro hob sachte den Talisman auf, den Zenitsu zurückgelassen hatte. Daraufhin fragte die Frau streng: »Verzeihung … Woher haben Sie diesen Talisman?« Sie runzelte die Stirn.

»Was jetzt? Wo ist Zenitsu hin?«

Tanjiro suchte die Menschenmenge nach Zenitsu ab. In den Bergen hätte man ihn wegen seines gelben Haarschopfes sofort entdeckt, aber hier gab es viele verschiedene Farben und Kleidungsstile der Leute, was die Suche nach dem Freund zu einem schwierigen Unterfangen machte.

Die Café-Bedienung, ihr Name war Saya, hatte erzählt, dass in letzter Zeit an der Kreuzung eine falsche Wahrsagerin aufgetaucht war, die sich als die berühmte echte Wahrsagerin ausgab und sich einen Spaß daraus machte, Passanten mit unglückseligen Prophezeiungen zu ärgern. Es sollte vormals bereits ein Kunde im Café erschienen sein, der ebenfalls diese falsche Wahrsagerin getroffen und einen Talisman bei sich getragen hatte, der dem von Zenitsu glich.

Als Tanjiro ihr erklärte, was geschehen war, zeigte Saya tiefe Anteilnahme und war sehr besorgt.

»Ich habe bald Feierabend, dann helfe ich euch bei der Suche.«

Die freundliche Frau sagte auch, dass sie sich in der Stadt gut auskenne. Das freute Tanjiro, doch Zenitsu war einfach nicht zu finden.

Zenitsu wird doch nicht etwa so verzweifelt sein, dass er …

Schließlich fühlte sich Zenitsu in die Ecke gedrängt … Da musste Tanjiro ja auf schlimme Gedanken kommen.

»Kannst du nicht den Geruch von dem Idioten wittern?«

»Das versuche ich schon die ganze Zeit, aber da ist ein extrem starker Geruch, der alles überlagert, daher kann ich nichts erkennen!«

Tanjiro runzelte die Stirn.

Saya erklärte, dass es sich um »Duftwasser« handele, das hauptsächlich Frauen benutzten und von dem es sehr stark stinkende Varianten gab. Folglich konnte Tanjiro seine Spürnase nicht sinnvoll einsetzen.

»Ich suche hier mit Frau Saya, such du da drüben, Inosuke!«

Gerade, als Tanjiro dies sagte, rief Saya: »Da vorne ist er!«

Tanjiro sah in die Richtung, in die Saya deutete, und tatsächlich: Da ging Zenitsu weinend umher.

Tanjiro war erleichtert. »Zeni...«

»Mein Herr ...!« Gleichzeitig mit Tanjiros Ruf lief Saya schweren Schrittes los. Zenitsu sprang erschrocken auf und sackte sofort wieder zusammen. Vermutlich hatte er vor Angst weiche Knie bekommen. Wie resigniert schloss er die Augen, als ...

»Das Pferd der Kutsche ist geflohen!«

Das Wutgebrüll des Mannes hallte durch die Straße. Sofort brach Tumult aus.

»Weg hier!«

»Kyaaaah!«

»Neiiiin!«

Menschen rannten in Panik durcheinander, von da und dort waren Hilfeschreie zu hören. Tanjiro sah sich um. Saya lief auf Zenitsu zu, und rechts von ihr sah er ein Pferd, das sich hoch aufbäumte.

»Inosuke!«

»Alles klar!«

Auf Tanjiros Ruf hin setzten sich beide gleichzeitig in Bewegung.

Doch schneller als die beiden war bereits so etwas wie ein Blitz in Aktion getreten und hatte Saya aus dem Wirkungskreis der Pferdehufe herausgeholt.

Tanjiro riss die Augen auf. Der Blitz war Zenitsu. Tanjiro erkannte, dass sein Freund Blitzatmung benutzt hatte, um Saya zu retten.

»Der hat ja doch was drauf«, murmelte Inosuke hörbar. »Nicht schlecht für einen Waschlappen wie den.«

Er wandte sich dem Pferd zu, das sein Angriffsziel verloren hatte, und starrte es intensiv an. Sofort wurde es zahm und folgsam wie ein Hündchen.

Typisch Inosuke!

Tanjiros Anspannung hatte nachgelassen, und er sah zu Zenitsu hinüber. Da stand sein Kamerad und trug Saya – umringt von einer aufgeregten Menge.

»Gut gemacht, Kleiner!«

»Was war das eben? Das ging ja rasend schnell!«

»Du hast eine tolle Figur gemacht, Junge!«

»Fantastisch, junger Mann!«

Die Leute lobpriesen Zenitsu, aber Letzterer machte ein Gesicht, das so gar nicht zu einem Helden passen wollte. Er war totenbleich und zitterte, vermutlich weil Saya zu schwer für ihn war.

»Alles in Ordnung, Zenitsu?«

Tanjiro lief in seine Richtung, konnte jedoch wegen der störenden Menschenmenge kaum zu ihm durchdringen. Dennoch gelang es ihm schließlich, vorne anzukommen. Dort wurde er Zeuge, wie die von Zenitsu getragene Saya zu diesem eigentümlich charmant aufsah.

»Mein Herr ... Sie haben für mich ...«

»N... n... nein, nein ... Das wa... wa... war doch nichts Besonderes, für einen Menschen ist das doch eine Selbstverständlichkeit!«

»Was für ein bescheidener, tapferer Mann«, flüsterte Saya verzückt.

Nun konnte jeden Moment ein Liebesgeständnis erfolgen. Es lag in der Luft, man konnte es förmlich riechen. Zenitsu vermied tunlichst jeden Blickkontakt. Hilfesuchend ließ er den Blick über die Schaulustigen schweifen, bis er innehielt.

Sein Gesicht wurde erneut totenbleich. Tanjiro folgte argwöhnisch Zenitsus Blickrichtung und entdeckte die besagte falsche Wahrsagerin.

»Inosuke!«

»Ich mach das schon!«

Inosuke bahnte sich einen Weg durch die Menge und drang zur falschen Wahrsagerin vor. Doch …

»Oh? Mein Herr … Alles in Ordnung? Was haben Sie? Mein Herr!«

Von Sayas Rufen alarmiert, wandte Tanjiro hastig den Blick wieder zurück. Sein Freund war, immer noch mit Saya auf den Armen, ohnmächtig geworden.

Danach erklärte Tanjiro dem mittlerweile wieder erwachten Zenitsu, was geschehen war, und wies dann Inosuke zurecht, der dabei war, der von ihm gestellten falschen

Wahrsagerin alle Haare auszureißen. Saya brachte alle drei noch aus der Stadt, und bis zur Abenddämmerung erreichten sie heil das Schmetterlingsanwesen.

»Meine Güte, da habt ihr ja ein Abenteuer erlebt!«

Shinobu Kocho lauschte den Erzählungen der drei und brachte ihre Anteilnahme zum Ausdruck. Kiyo, Sumi und Naho ereiferten sich: »Zenitsu ... Du Armer!« »Hast du das gut verkraftet?« »Lügen sind eine furchtbare Sache!« Das heiterte den sehr deprimierten Zenitsu wieder auf.

Saya war die Nichte des Café-Besitzers, und als Dank für deren Rettung hatte er den Jungs eine große Menge an Knabbereien wie Schokolade und Karamell mitgegeben, was die Mädchen und Frauen im Schmetterlingsanwesen sehr erfreute. Und deren Freude war auch Zenitsus Freude.

»Inosuke war von Anfang an ruhig und gelassen!«

Tanjiro lobte seinen Kameraden, während er den von Aoi und Kanao zubereiteten Tee genoss. Inosuke, der gerade Schokolade mampfte, sah fragend auf.

Seine Wangen waren um den Mund herum mit Schokolade beschmiert, was ihm einen Tadel (»Wie liederlich!«) von Aoi einbrachte.

»Ja, weil er dachte, dass ich eh kein Glück bei den Frauen habe«, sagte Zenitsu mürrisch. »Außerdem war es ihm völlig egal, was mit mir passiert, deswegen war er so gelassen.«

Inosuke überraschte alle mit folgender Erwiderung: »Ich hatte bei der Alten eben von Anfang an ein ungutes Gefühl. Mir kam es so vor, als hätte sie schon entschieden, was sie sagen wollte, und danach erst ein Opfer gesucht, zu dem sie es sagen würde. Eine echte Wahrsagerin würde so was nicht machen, oder? Sag mal, Zenitsu, was war denn mit deinem Hörvermögen in dem Moment los? Hast du keine verdächtigen Laute hören können?«

Zenitsu machte ein verdutztes Gesicht, als ob er das völlig vergessen hätte. Er ließ den Kopf hängen und schwieg.

»Du bist und bleibst eben ein Idiot«, gab Inosuke ihm den Gnadenstoß.

»Sollen wir ihn bei der Gelegenheit umbenennen in ›Baka*-itsu‹?«

»Halt's Maul!«, gab Zenitsu zurück, doch seiner Stimme fehlte die ihr sonst eigene Energie.

Aber für Tanjiro galt das gleichermaßen. Die falsche Wahrsagerin hatte zwar Aufregung in ihm ausgelöst,

* *Baka ist ein viel verwendetes japanisches Schimpfwort und bedeutet »dumm« und »Idiot«.*

aber einen von ihr ausgehenden Geruch voller böser Absichten hatte er nicht wahrnehmen können. Während er selbstkritisch darüber nachdachte, schenkte Kanao Tee nach.

»Danke.«

»Hast du schon die Schokolade probiert, Kanao? Sie ist lecker!«

Als Tanjiro ihr die Schokolade hinhielt, wurde sie aus irgendeinem Grund rot und versteckte sich hinter Aois Rücken. Dass sie die Schokolade nicht annahm, weil sie keine Münze werfen wollte, schien nicht der Grund zu sein.

Was hat sie denn nur?

Tanjiro neigte den Kopf fragend zur Seite.

»Nanu, kommt da etwa so was wie gute Stimmung auf? He, Tanjiro!«

»Was machst du denn für ein furchterregendes Gesicht, Zenitsu?«

»Tu nicht so scheinheilig … Wenn du vor mir glücklich wirst, verfluche ich dich!«

Zenitsu knirschte voller Eifersucht mit den Zähnen und näherte sich Tanjiro drohend, als würde er ihn jetzt auf der Stelle verfluchen wollen.

Tanjiro war verwirrt und verstand nicht, worum es ging.

»Na, na«, beschwichtigte Shinobu Kocho lächelnd. »Zenitsu ist ja nichts passiert. Ihr habt nach einer erfolgreichen Mission sogar noch eine falsche Wahrsagerin festgesetzt. Ihr seid wirklich ein guter Demon-Slayer-Jahrgang!«

Und ihr Lächeln ließ die Situation sanft ausklingen.

Als Aoi sagte, sie werde eine neue Kanne Tee kochen, steuerten die drei das Bad an. »Ich will nicht in die Wanne, ich dusche nur«, sagte Inosuke trotzig. Als Tanjiro ihn mit sich zog, hörten sie eine leise Stimme hinter sich: »Danke, dass ihr mir geholfen habt.«

Gemeint waren Tanjiro und Inosuke.

Die Stimme war wirklich leise, klang aber auffallend aufrichtig und beschämt.

»Hm? Zenitsu?«

Als sie sich umdrehten, stand da der Zenitsu, wie er immer war.

»Oh Mann, war das wieder ein Tag heute«, brummte er genervt und setzte dann hinzu: »Ich bade zuerst.« Dann ging er eiligen Schrittes zum Badezimmer.

Tanjiro sah seinem halsstarrigen Kameraden mit halb zugekniffenen Augen nach und musste spontan lächeln.

»Ihr seid wirklich ein guter Demon-Slayer-Jahrgang!«

Tanjiro musste wieder an Shinobu Kochos Bemerkung denken.

Hatte sie recht?

Er wusste nicht, ob es daran lag, dass sie seit ihrer Aufnahme in den Kreis der Demon Slayer immer zusammen gewesen waren. Aber er war sehr froh, bei der Mission im Trommelhaus die beiden anderen getroffen zu haben. Es war auch schon vorgekommen, dass er dank ihrer Anwesenheit eine Schwierigkeit hatte überwinden können. Das hatte ihm auch so manches Mal über Trauer und Verzweiflung hinweggeholfen.

Nicht alleine zu sein war sein Glück.

»Ich kann ins Bad steigen, aber schrubben tu ich mich nicht.«

»Nix da! Aoi hat es auch gesagt. Bevor wir in die Wanne gehen, müssen wir uns waschen.«

»Diese nervige Göre!«

»Sag so was nicht! Sie sagt das auch im Sinne aller anderen. Komm schon, Inosuke!«

Tanjiro zog seinen anderen Kameraden hinter sich her und musste wieder lächeln.

Der nächtliche Himmel war von der Veranda aus sichtbar, und an ihm funkelten so viele Sterne, dass man glaubte, sie würden jeden Moment herunterfallen ...

KAPITEL 4

Aoi und Kanao

Mit Kanao hatte ich meine Schwierigkeiten.

Nicht, dass ich sie nicht gemocht hätte. Ich hatte nur meine Probleme mit ihr. Sie hat mir nie etwas zuleide getan, und einen echten Konflikt zwischen uns gab es auch nicht.

Kanao Tsuyuri war gewissermaßen ein Mädchen wie eine Puppe. Wenn man sie ansprach, gab sie keine Antwort. Ihr Lächeln wirkte immer leer, sie konnte nichts selbst entscheiden, sondern warf stets ihre Kupfermünze.

Ich war ihr gegenüber immer ungeduldig und gereizt, manchmal regelrecht angewidert. Ich war zwar die Ältere von uns beiden, aber im Rang stand sie viel höher als ich. Ihr Talent als Demon Slayer war so groß, dass sie schon so jung als Tsuguko erwählt wurde, also als Nachfolgerin, die die Technik einer Säule übernehmen würde.

Ich dagegen hatte das Auswahlverfahren nur durch Glück überlebt und bin danach ein Feigling geblieben, dem jede Kampferfahrung fehlte. Ich durfte nur dank Frau Kochos Wohlwollen im Schmetterlingsanwesen bleiben, um verletzte Demon Slayer zu pflegen und danach bei ihrem Rehabilitationstraining mitzuhelfen.

Hat man, wenn man keine Dämonen tötet, überhaupt eine Daseinsberechtigung als Demon Slayer?

Natürlich nicht. Ich war nur Ballast für die Demon-Slayer-Truppe.

Vielleicht war das der Grund, warum ich in Kanaos Anwesenheit immer innerlich in Aufruhr geriet. Als ich erkannte, dass dies nur mein Minderwertigkeitsgefühl war, war ich angewidert ob dieser Trivialität. Mein Selbsthass wuchs immer mehr an. Dann sagte jemand zu mir …

»Aoi! Du hast mich gerettet, und deshalb bist du nun ein Teil von mir. Wenn ich das nächste Mal kämpfe, denke ich an dich!«

Einen Taugenichts wie mich hat er als Teil von sich bezeichnet und gesagt, dass er meine ungenutzten Gefühle mit aufs Schlachtfeld nehmen würde!

Er sagte dies zu mir ohne jede Anmaßung oder Zögern und zeigte dabei sogar noch ein sonnengleiches Lächeln. Deswegen wollte auch ich mich anstrengen und mein Möglichstes geben.

Trotzdem …

Als mir befohlen wurde, die Säule der Klänge auf einer Mission zu begleiten, begann ich sofort am ganzen Leib zu zittern. Beim Gedanken daran, einen Dämon sehen zu müssen, konnte ich nicht einmal mehr Naho beschützen.

»Kanao! Kanao!«

Wie bekloppt rief ich immer wieder ihren Namen. Kanao ergriff meine Hand. Sie warf keine Münze, sondern runzelte nur die Stirn und biss die Zähne zusammen. Und egal, was die Säule uns befahl, sie ließ meine Hand nicht los.

Dafür habe ich mich immer noch nicht bedankt.

»Ein Großeinkauf?«

»Ja. Bitte erledigt unbedingt ihr beide das.«

Frau Kocho, Aois Vorgesetzte, hatte sie in ihr Zimmer gerufen. Aoi hatte erwartet, für die Sache mit der Säule der Klänge gescholten zu werden, doch dem war nicht so. Aber dass sie beide bat, zusammen einkaufen zu gehen, war ungewöhnlich.

Aoi sah kurz zu Kanao hinüber, die neben ihr saß. Kanao hatte ihren üblichen leeren Blick aufgesetzt, und man konnte nicht ahnen, geschweige denn erkennen, was in ihr vorging.

»Die Heilkräuter, die ihr kaufen sollt, sind alle hier notiert«, sagte Frau Kocho und lächelte.

Mit der schweigsamen Kanao zusammen irgendwohin gehen zu müssen, wäre ihr früher, trotz aller Bewunderung für Frau Kocho und Respekt vor ihren Anordnungen, ziemlich schwer gefallen. Nun aber sah Aoi es als eine willkommene Gelegenheit, sich endlich bei Kanao zu bedanken.

»Verstanden. Wir gehen. Bis später!«

»Danke. Wenn Tanjiro und die anderen ihre aktuelle Mission beendet haben, kommen sie wahrscheinlich auch wieder hierher zurück«, fuhr Shinobu Kocho arglos fort, doch Aoi erschrak.

»Herr Uzui ist bei ihnen, daher mache ich mir keine Sorgen, aber wir wollen für alle Fälle gerüstet sein.«

Ja ... Die Demon Slayer waren für sie in den Kampf gezogen.

Weil ich so erbärmlich unfähig bin ...

Aoi biss sich leicht auf die Lippen. Sie hoffte, dass es keine gefährliche Mission war. Aber das war nur ihr eigensüchtiger Wunsch. Auf einer Mission, an der eine Säule beteiligt war, wurde definitiv nicht nur gegen relativ harmlose Dämonen gekämpft. Auch als sie den Dämon im Mugen Train bekämpft hatten, waren sie schwer verwundet zurückgekommen. Sie waren an Körper und Seele verwundet und bemitleidenswert ramponiert gewesen.

Und nun waren sie auch noch durch ihre, Aois Schuld unterwegs.

Bitte, bitte, mögen sie alle heil zurückkehren!

Aoi betete. Ihr war zum Heulen zumute.

Bitte kommt alle zusammen lebend zurück!

Aoi konnte das Zittern ihrer Finger, die auf ihren Beinen lagen, nicht stoppen.

Angesichts ihrer eigenen Feigheit schloss Aoi deprimiert die Augen.

Der Heilkräutergroßhandel lag ein Stück entfernt vom Schmetterlingsanwesen. Aoi war schon etliche Male mit Frau Kocho zusammen dort hingegangen.

»Guten Tag, treten Sie ein!«

Sie kannte bereits das Gesicht des Inhabers, das faltig wie eine verschrumpelte Aubergine war.

»Wir hätten gerne dieses Heilkraut, und …«

Da Kanao praktisch nie etwas sagte, verlangte Aoi dies und jenes, entsprechend dem von Frau Kocho erhaltenen Einkaufszettel in ihrer Hand. Die Kräuter nach Qualität zu beurteilen traute sie sich einigermaßen zu. Doch als es ans Bezahlen ging, wurde Aoi kreidebleich. Die Geldbörse, von der sie sicher war, sie eingesteckt zu haben, war nicht mehr da. Das Geld von Frau Kocho war weg und nirgends auffindbar!

Ah …

Aoi hielt sich erschrocken die Hand vor den Mund. Sie hatte die Geldbörse beim Weggehen aus der Uniformtasche genommen, um schnell für etwas zu bezahlen, und sie danach auf dem Tisch liegen lassen. Das fiel ihr nun wieder ein und machte sie fassungslos. Solche Fehler unterliefen ihr normalerweise nicht.

Kanao schien etwas zu ahnen und sah Aoi an.

»Kanao, es tut mir leid …«, murmelte sie heiser und senkte den Kopf so tief, dass ihre Nase fast die Knie berührten. »Ich habe den Geldbeutel liegenlassen!!«

Kanao antwortete nicht. Aoi wollte im Erdboden versinken vor Scham.

Unglücklicherweise hatten weder Aoi noch Kanao ihre eigenen Geldbörsen bei sich, da sie ja nur für Frau Kocho einkaufen sollten. Kanao betrachtete ihre Kupfermünze und schien leicht zurückzuschrecken.

»Aber die hier gebe ich nicht aus der Hand«, sagte sie und lächelte schwach.

Aoi ertrug die Schande und bat darum, als Stammkundin auf Rechnung einkaufen zu dürfen, doch der sehr argwöhnische Inhaber wollte sich partout nicht darauf einlassen.

»Das ist ja alles gut und schön, aber wir müssen ja auch Geld verdienen. Leider ist heute die pensionierte Chefin nicht da. Das kann ich nicht alleine entscheiden.«

Dann wechselte er das Thema.

»Was machen Sie und Ihre Leute eigentlich? Demon Slayer ... Was ist das für eine Organisation?«

»Äh ...«

Auf diese Frage hatte Aoi keine Antwort parat. Da die Demon-Slayer-Truppe nicht staatlich anerkannt war, waren solche Situationen unangenehm. Wenn man über Dämonen und derlei sprach, wurde einem meist nicht geglaubt. Außer bei den Blauregenfamilien und wenigen anderen genossen die Demon Slayer in der Gesellschaft nur sehr geringes Ansehen. Obwohl sie für die anderen Menschen im Kampf ihr Leben einsetzten, konnten sie faktisch nicht einmal öffentlich ihre Sonnenschwerter tragen.

Aoi war also um eine Antwort verlegen, und der Inhaber beäugte sie und Kano argwöhnisch.

»Was treiben Sie da eigentlich, nur als Frauen? Die, die sonst oft hier ist, hat so eine merkwürdige erotische Ausstrahlung … Sie machen doch nicht irgendwelche Schweinereien?«

Diesen Verdacht hegte er wohl, weil für die Demon Slayer immer nur Frauen zum Einkaufen gekommen waren. Der vulgäre Blick des Inhabers machte Aoi wütend.

»Alles klar, ich weiß Bescheid. Kauf auf Rechnung ist also nicht möglich. Auf Wiedersehen«, sagte sie höflich, nahm Kanao bei der Hand und verließ mit ihr das Geschäft.

Und sofort bereute sie es.

Das hätte ich nicht tun sollen!

Sie griff sich an den Kopf. Wenn sie jetzt zum Schmetterlingsanwesen zurückgingen, um die Geldbörse zu holen, würden sie es nicht rechtzeitig vor Geschäftsschluss zurück zum Laden schaffen.

Sie hätte nicht so ungeduldig sein, sondern alles über sich ergehen lassen und schweigend ertragen sollen. Aber wie der Inhaber Frau Kocho und die Demon Slayer beleidigt hatte, war unerträglich gewesen.

Ich bin eine Idiotin … Idiotin, Idiotin, Idiotin!

Dabei hatte sie sich vorgenommen, sich die Worte eines gewissen Jemands zu Herzen zu nehmen und zuversichtlich voranzuschreiten. Nun hatte sie sich wieder von ihren Gefühlen mitreißen lassen und war ins Leere gelaufen. Alles, was sie heute kaufen sollte, Heilkräuter, medizinischer Alkohol, gebleichte Baumwolle für Bandagen, waren unverzichtbare Güter.

Was, wenn bei der Rückkehr der Demon Slayer etwas davon fehlt? Was, wenn sie so stark verletzt sind, dass selbst Frau Kocho sie nicht behandeln kann?

Was, wenn ihnen durch meine Schuld etwas Schreckliches widerfährt?

Allein bei der Vorstellung zitterten ihr die Knie aufs Erbärmlichste. Angesichts ihrer idiotischen Fehler wurde ihr schwarz vor Augen.

»Es tut mir leid, Kanao.«

Dies war nun nicht der Moment, sich für damals zu bedanken. Deprimiert ließ sie den Kopf hängen und entschuldigte sich erneut bei Kanao. »Schlimm genug, dass ich wegen meiner Angst vor Dämonen nicht an Missionen teilnehmen kann und schon deshalb eine Bürde für alle bin – Ich bin nicht mal in der Lage, einzukaufen … Ich bin wirklich das Allerletzte!«

Als sie so über sich selbst sprach, kamen ihr fast die Tränen. Tief in der Kehle wurde ihr heiß, und in der Nasenhöhle fühlte sie einen stechenden Schmerz.

»Ich fühle mich so elend … Ich verachte mich selbst.«

Kanao blickte sie schweigend an.

»Ich gehe doch lieber zu dem Laden zurück und frage noch mal, ob ich auf Rechnung bezahlen kann. Ich werde ihm schwören, dass er sein Geld auf jeden Fall bekommt«, sagte Aoi und drehte sich um, als Kanao die Hand zu Aois Kopf ausstreckte. Etwas steif strich sie ihr übers Haar.

Das war nicht die zarte, weiche Hand eines jungen Mädchens, sondern eine Hand, die vom vielen Training schwielig war und im Kampf schon andere Menschen beschützt hatte. Aois Tränen versiegten.

»Kanao …«

Als diese ihren Namen hörte, so verlegen ausgesprochen, lächelte sie ganz leicht und ergriff Aois Hand.

Aber sie sagte nicht »Komm, gehen wir!« oder »Geht's wieder?«, sondern ging einfach los und zog schweigend

Aoi an der Hand hinter sich her. Aoi fragte: »Gehen wir zum Schmetterlingsanwesen zurück?«

Kanao antwortete nicht, weder zustimmend noch verneinend.

»Aber das ist nicht die Richtung nach Hause ... Außerdem, wir haben noch keine Heilkräuter ...«

Aoi war noch unschlüssig und sah über die Schulter in die Richtung des Geschäfts, von dem sie sich nun allmählich immer weiter entfernten. Aber Aois Worte erreichten Kanao nicht, diese ging einfach weiter.

Aoi seufzte und dachte: *Das ist es, was ich an Kanao einfach nicht begreife.*

Nachdem sie eine Weile gegangen waren, blieb Kanao unvermittelt stehen. Es hatte sich eine Menschenmenge gesammelt.

»Hm? Was ist das?«

Aoi sah sich um. Vor dem Spirituosenhändler ging irgendetwas vor sich. War es eine Art Vorführung? Als sie so zerstreut vor sich hin sinnierte, sagte eine vornehm gekleidete ältere Dame, die in der Nähe stand: »Oh, welch hübsche Mädchen ihr seid! Kommt nur her und schaut!«

Dann zog sie Aoi und Kanao halb mit Gewalt an ihren Ärmeln.

»Nein, wir …«

»Moment mal, eure Gesichter hab ich doch schon mal irgendwo gesehen? Schaut nur hin, geniert euch nicht! Das wird ein Kopf-an-Kopf-Rennen!«

Sie drängte Aoi und Kanao, durch die Schaulustigen hindurch einen Blick auf die Ladenfront zu werfen, wo offenbar zahlreiche Männer und Frauen ein Wettessen veranstalteten. Wettessen und Wetttrinken sollen in der Edo-Zeit sehr populär gewesen sein, aber in letzter Zeit sah man diese Form von Volksbelustigung eher selten.

45 Manju-Klöße, sieben Stücke Yokan (eine Süßigkeit aus Agar-Agar und Bohnen), 70 Stücke Uguisu-Reiskuchen, 40 getrocknete Rettiche … Derartig unglaubliche Verzehrleistungen wurden da durch überall erschallende Rufe bestätigt, und Aoi traute ihren Ohren nicht.

Besonders der Appetit eines im Zentrum in Position gegangenen Sumo-Ringers war verblüffend. Ein Stück Yokan verputzte er in einem einzigen Augenblick, danach machte er sich über einen Manju-Kloß nach dem anderen her.

Allein dieser Anblick führte bei manchen im Publikum schon zu Sodbrennen, aber Aoi machte sich mehr Sorgen um Kanaos Reaktion.

Kanao hatte es ihr nie direkt erzählt, aber sie soll in bitterer Armut aufgewachsen und von ihren Eltern an einen Zuhälter verkauft worden sein. Dann war sie von Shinobu Kocho und deren inzwischen verstorbener älterer Schwester gerettet und als Demon Slayer ausgebildet worden.

Aoi fragte sich, was Kanao beim Anblick dieses unwürdigen Schauspiels dachte.

»Kanao …?«

Aoi sah Kano nervös an, aber das Mädchen hatte den gleichen leeren Gesichtsausdruck wie immer und beobachtete das Geschehen scheinbar regungslos. Da wurden große Mengen an Lebensmitteln verspeist, aber nicht aus Hunger oder um zu überleben, sondern einzig und allein der Unterhaltung wegen. Aoi sah Kanao von der Seite zu, wie sie diese Szene betrachtete, und fand es unerträglich.

»Lass uns gehen«, sagte sie, und diesmal ergriff Aoi Kanaos Hand und drückte sie fest. Daraufhin sah Kanao sie wortlos und staunend an. Als sie nun diesen Ort verlassen wollten, ertönte aus der Menge heraus ein Schrei.

Sie drehten sich um und sahen, dass der besagte Sumo-Ringer gestürzt und ein Manju-Kloß aus seiner Hand auf den Boden gefallen war.

»Uh … uh … uh …«

Der junge Sumo-Ringer war leichenblass und stöhnte noch ein Weilchen, riss kurz darauf die Augen auf und verlor das Bewusstsein. Große Mengen Schaum traten aus seinem Mund. Aus der Menge heraus ertönten erneut Hilfeschreie.

»Was ist passiert? Ist ein Manju in seiner Kehle steckengeblieben?«

»Schnell, reißt ihm den Mund auf!«

»Sollen wir ihm Wasser zu trinken geben?«

Männerstimmen waren zu hören. Offenbar wollten sie den Unglücklichen ganz falsch behandeln. *Das dürfen die nicht machen!* Sobald Aoi dies gedacht hatte, setzte sich ihr Körper wie automatisch in Bewegung.

»Verzeihung! Bitte lassen Sie mich durch! Entschuldigung! Bitte …«

Sie drängte sich mit Gewalt bis zum Zentrum des Geschehens vor und kniete sich neben den Sumo-Ringer. Sie prüfte der Reihe nach dessen Atmung, Pulsschlag, die Mundhöhle und die Geräusche in der Bauchregion. Dann wich aus Aois Gesicht die Farbe.

Wie erwartet, es ist schlimm … schlimmer als einfach nur ein in der Kehle steckengebliebenes Stück Nahrung.

Es war, deutlich ausgedrückt, eine ziemlich gefährliche Situation. Wenn Frau Kocho hier wäre, könnte sie sicher etwas ausrichten. Aber hier war Aoi nun alleine.

Würde sie dem Mann helfen können? Würde sie die Verantwortung für das Leben eines anderen Menschen schultern können? Sie, die sich nicht einmal einem Dämon stellen konnte?

Aber wenn ich nichts tue, wird dieser Mann ...

Aoi biss sich auf die Lippe und erinnerte sich an die in solchen Fällen zu leistende Erste Hilfe und deren Abfolge, über die sie in der medizinischen Literatur gelesen hatte. Sie atmete tief ein und wandte sich dann an die umstehenden Zuschauer: »Dieser Mann ist in Gefahr, wenn ihm nicht geholfen wird! Kann bitte jemand einen in der Nähe praktizierenden Arzt rufen? Bitte!«

Nahebei rief ein Mann: »Ja ... Ich gehe einen holen!« Und lief davon.

Dann sah Aoi nach Kanao neben sich: »Kanao, geh und bitte den Verantwortlichen hier um die Dinge, die ich jetzt aufzähle!« Dann nannte Aoi ihr die wichtigsten Utensilien für die Erste Hilfe, die ihr spontan einfielen. Dann erinnerte sie sich wieder ... Das alleine würde nicht ausreichen, um Kanao in Aktion treten zu lassen.

»Wirf deine Kupfermünze!«

Aoi drehte sich um und sah, wie Kanao bereits zum Betreiber des Ladens lief.

Sie hatte keinen Befehl von Frau Kocho, ihrer Vorgesetzten, erhalten und auch nicht ihre Münze geworfen. Kanao hatte einfach nur Aois Bitte befolgt. Davon verwirrt und beeindruckt, wandte sie sich wieder ihrem Patienten zu.

Dann drang aus dem hinteren Teil der Menschenmenge Geschrei. »Hey! Hey!« In Aois Blickfeld trat nun ein junger Mann mit den Händen in den Taschen, dem man sofort ansah, dass er nicht der feinen Gesellschaft angehörte.

»Was soll'n das werden, Kleine? Ich hab nen Haufen Geld auf den Sumo-Ringer da gesetzt! Wenn der den Kloß aus seiner Kehle auskotzt, kann er weitermachen, oder? Also übertreib nicht und stör hier nicht das Wettessen«, sagte er drohend. Er stank nach Alkohol.

Offenbar hatte er mit seinen Kumpels gewettet, wer das Wettessen gewinnen würde. Dass nun der Wettkampf unterbrochen worden war, passte ihm nicht, und er streckte die Arme nach dem Sumo-Ringer aus. Aoi riss der Geduldsfaden und sie haute ihm kurzerhand eine runter.

»Haben Sie nicht gehört, was ich gesagt habe? Dieser Mann muss sofort behandelt werden, sonst ist sein Leben in Gefahr!«

»Hä?«

»Sie stören die Behandlung. Bitte treten Sie zurück.«

»Was fällt dir ein, du Schlampe ...«

Seine Gesichtsfarbe änderte sich, und er ging auf Aoi los. Diese wich flink aus, griff nach einem Arm des Mannes und warf ihn zu Boden.

»Ich sagte doch, Sie sollen aus dem Weg gehen!«

»Du ... verdammte ...«

»Wenn Sie das nicht einsehen, breche ich Ihnen nächstes Mal die Arme«, warnte Aoi ihn eiskalt und verengte ihre Augen zu Schlitzen. Der Mann schluckte. Offenbar hatte ihre Drohung gewirkt, denn er stieß zwar noch ein paar dreckige Flüche aus, rief das unvermeidliche »Wir sprechen uns noch!« und verschwand. Die Menge tobte.

»Bitte bleiben Sie ruhig!«, ermahnte Aoi die Leute und brachte den Körper des Ringers in Seitenlage. Nachdem sie dafür gesorgt hatte, dass seine Atemwege frei waren, sah sie, dass Kanao gerade mit den notwendigsten Utensilien zurückgekommen war.

»Ohne die beiden Mädchen wäre dieser Sumo-Ringer jetzt vielleicht tot!«

Als der hinzugeeilte Arzt dies sagte, kamen Laute der Bewunderung aus der Menge der noch verbliebenen Zuschauer. Ausrufe wie »Gut gemacht!« oder »Reife Leistung!« waren da und dort zu hören.

»Meine Güte, ihr habt ja wirklich ganze Arbeit geleistet!«

Auch die ältere Dame, die die beiden überhaupt erst hierhergelotst hatte, war voll des Lobes.

Dann klopfte sie dem Inhaber des Ladens, der auch als Veranstalter des Wettessens fungierte, auf seine massive Schulter: »Hör mal, Yoshitaro. Du musst den beiden Mädchen zum Dank was schenken. Wenn es einen Toten gegeben hätte, wäre jetzt die Hölle los in deinem Laden! Also sei jetzt nicht knauserig, ja?«

»Ja, du hast recht, Kayo. Dagegen ist nichts zu sagen. Vielen Dank euch beiden! Es ist nur eine Kleinigkeit, aber …«

Die beiden waren offenbar gute Bekannte, und während er dies zu Aoi und Kanao sagte, überreichte er ihnen doch tatsächlich ein Fässchen Sake und einen Sack Reis.

»Bitte nehmt dies als Gefälligkeit an.«

Vermutlich waren das die Gewinne für den Sieger des Wettessens, und als »Kleinigkeit« konnte man sie wirklich nicht bezeichnen. Sie einfach so »als Gefälligkeit annehmen« konnten Aoi und Kanao jedenfalls nicht.

Doch sie waren dankbar, Alkohol zu bekommen, den sie ja sowieso kaufen sollten, und den Reis konnten sie zu Geld machen. Damit würden sie die Heilkräuter und die Baumwolle kaufen können, und das Gewicht stellte auch kein unüberwindbares Problem dar. Sie verließen diesen Ort, wieder mit Kanao an der Spitze: Kanao ging ruhig-bedächtigen und Aoi schwankenden Schrittes. Und natürlich bewegten sie sich vom Schmetterlingsanwesen weg.

Aoi fragte sich, was Kanao wohl gerade denken mochte.

Genau! Ich muss mich ja noch bei Kanao bedanken!

Zu der plötzlichen Erinnerung kam die Einsicht, dass nicht nur die Sache mit der Säule der Klänge, sondern auch Kanaos heutige Hilfe ein paar Worte des Dankes verlangte. Nur weil Kanao Aois Bitte angehört und schnell umgesetzt hatte, war der Sumo-Ringer gerettet worden. Aoi alleine hätte das nicht vermocht.

»Hö… hör mal, Kanao …«, setzte Aoi an, vor sich Kanaos Rücken mit dem Sack Reis darauf.

Kanao blieb stehen und sah über die Schulter.

»Ähm, also …«

Kanao sah Aoi an, offenbar um auf deren nächsten Worte zu warten. *Nun muss ich auch was sagen*, dachte Aoi. Doch sich bei ihr zu bedanken, fiel ihr seltsam schwer. Sie genierte sich und suchte nach den richtigen Worten, als plötzlich ohrenbetäubend lautes Wutgebrüll erschallte.

»Verdammte Schlampe! Wenn du Krach willst, komm ruhig her!«

»Du musst mich nicht extra auffordern, ich bring dich auch so um, du elender Nichtsnutz!!«

Aoi erstarrte. Dann erklang das Geräusch von mutwillig zerbrochenen Gegenständen, und man hörte ein Kind weinen.

»Was ist da los?«

Aoi sah sich um, Kanao streckte einen Finger in die Luft. Wo dieser hindeutete, war das ärmliche Häuschen eines Bilderaufziehers* zu sehen. Offenbar waren die Geräusche

* *Handwerker, der Rollbilder auf Stoff und Papier auf Türen aufzieht*

von dort gekommen. Sie betraten die enge Gasse und fanden ein etwa neun Fuß breites Reihenhaus, eine Art Mietskaserne. Eine der Papierschiebetüren stand halb offen, und die Scherben der zerbrochenen Ess- und Teeschalen verteilten sich bis vor das Haus. Aoi schluckte.

»Guten Tag! Ist alles in Ordnung?«

Kaum hatte sie ausgesprochen, da kam ein großer, schlaksiger Mann herausgepoltert. Ihm folgte eine Frau mit einem Säugling auf dem Rücken. Sie hatte ein Objekt in der Hand, bei dessen Anblick Aoi erschrak.

Ihre Hand umschloss fest ein scharf aufblitzendes Küchenmesser. Aus dem abgedunkelten hinteren Bereich des Hauses waren weinende Kinder zu hören.

»Heute reißt mein Geduldsfaden endgültig! Ich schlitz dich mit dem hier auf! Du strunzdummer Idiot!«

»Bitte, versuch's doch, du hässliche Kuh!«

»Wie bitte? Sag das noch mal!«

»Gerne! So oft du willst! Du hässliche, fette Kuh!«

Auf die Beleidigungen ihres Mannes hin wurde die Frau noch wütender und nahm seinen Hals mit ihren baumstammdicken Armen in den Würgegriff. Als der Mann einen Todesschrei losließ, kam die bis dato entgeistert dastehende Aoi wieder zu Sinnen.

»Hören Sie auf damit! Er stirbt sonst noch wirklich!«

»Mischen Sie sich nicht ein! Das hier geht Sie gar nichts an!«

Die Frau sah Aoi mit blutunterlaufenen Augen an, doch Aoi ließ sich von ihrem bedrohlichen Auftreten nicht einschüchtern, sondern riss die beiden auseinander und fragte: »Warum sind Sie so wütend?«

»Dieser Nichtsnutz hat unseren ganzen Verdienst verspielt und versoffen! Wir haben kein Körnchen Reis mehr im Haus! Und keine Ersparnisse! Wenn das so weitergeht, verhungern wir noch allesamt, die ganze Familie!«

Nach diesem Wortschwall ließ sie den Mann los, ging in die Hocke und begann bitterlich zu weinen.

Das *Uooooooooo,* das ihren trockenen Lippen entfleuchte, klang fast wie Gejaule eines wilden Tieres.

»Mi… Mitsu …«

Nun hatte der Mann doch noch Angst vor seiner Frau bekommen. »Ver… verzeih mir. Verzeih mir!«

Ja, er fiel so tief vor ihr auf die Knie, dass sein Kopf den Boden berührte.

Ein Junge mit einem kleinen Mädchen an der Hand trat aus dem Innern des Hauses. Sie waren wohl etwa sieben und fünf Jahre alt. Das Mädchen weinte, der Junge unterdrückte seine Tränen. »Wein doch nicht, Mama«, versuchten sie angestrengt, ihre Mutter zu trösten.

»Ich gebe alles und gehe arbeiten!«

Das schöne Gesicht des willensstark wirkenden Jungen erinnerte Aoi an einen gewissen Demon Slayer.

»Also weine nicht! Wenn ich groß bin, arbeite ich ganz viel! Ich arbeite mich hoch, dann müsst ihr alle keine Sorgen mehr haben, ich versprech's euch!«

Auf diese tapferen Worte hin zwinkerte Aoi Kanao zu. Doch diese nahm es nicht wahr, sondern sah mit halb zugekniffenen Augen der weinenden Familie zu. Es war ein Blick wie in unendliche Ferne … als ob sie etwas betrachten würde, das sie nie wieder würde bekommen können.

»Kanao …«, sprach Aoi sie leise an. Als Kanao das Wort »Reis« hörte, verstand sie endlich, nickte leicht und ließ den Sack von ihren Schultern auf den Boden plumpsen.

»Wenn Sie möchten, nehmen Sie doch den Reis hier für Ihren Verbrauch«, sagte Aoi, und das Ehepaar sah sie erstaunt an.

»Damit können Sie eine Weile überleben. Und Reis kann man ja auch jederzeit verkaufen.«

»Hm? Meist du das ernst, Mädchen? Ich meine … Meinen Sie das ernst, junge Frau?«

»Aber das können wir doch nicht annehmen!«

»Sie müssen uns aber versprechen, dass Sie mit dem Geld, das Sie für den Reis bekommen, keinen Alkohol kaufen und es nicht im Glücksspiel einsetzen!«

»J... ja! Natürlich nicht!«

Der Familienvater versprach hoch und heilig: »Ich fange ein neues Leben an und starte noch mal von ganz vorne! Ich werde nie wieder meiner Frau und meinen Kindern so viel Leid zufügen!«

»Also dann ...« Aoi verabschiedete sich. Als sie und Kanao gerade aus der Gasse heraustreten wollten, rief die Frau hinter ihnen her:

»Warum haben Sie uns geholfen? Wir sind doch völlig Fremde für Sie!«

Aoi zögerte kurz, denn sie wusste keine Antwort auf diese Frage.

Sie hatte nur dem Jungen helfen wollen, der für seine Eltern arbeiten wollte ... und auch der Mutter, die trotz aller Not kein bisschen daran dachte, ihre Kinder zu verkaufen, sondern eher mit der Familie zusammen verhungern würde. Das war alles.

Aber zu sagen: »Ich wollte Ihnen helfen«, das hätte irgendwie falsch geklungen. Aoi hätte das schrecklich arrogant gefunden. Am Ende antwortete sie gar nichts, und die beiden setzten ihren Weg fort.

»He, ihr Mädchen, bitte wartet!«

Mit seiner kleinen Schwester im Schlepptau holte der Junge sie ein.

»Danke ... Vielen Dank!!«

Der Junge verbeugte sich tief. Das Mädchen tat es ihm nach.

»Das wollte mein Vater verkaufen ...«

Der Junge kramte in seiner Tasche und zog ein Windrad hervor. Es war wohl als Dank gedacht, aber Aoi zögerte einen Moment, es anzunehmen. In Anbetracht der Situation, in der die Familie war, handelte es sich sicher nicht nur um ein Spielzeug, sondern würde, böte man es zum Verkauf, sicher Geld bringen. Doch während Aoi zögerte, nahm Kanao dem Jungen das Windrad aus der Hand. Und sie hatte nicht ihre Münze geworfen, sondern es ganz spontan, in einer natürlichen Bewegung getan.

»Danke«, sagte Kanao leise, und der Junge lächelte hocherfreut. Sein Lächeln strahlte aus tiefstem Herzen.

Aoi war ergriffen, und der Junge nahm seine Schwester an der Hand, bedankte sich immer wieder und ging dann mit ihr zurück zu ihrem Elternhaus.

Aoi sah Kanao an, und diese blies das rote Windrad in ihrer Hand an, bis es sich drehte.

»Warum ...?«, fragte Aoi.

Warum hatte sie es einfach so annehmen können? Warum hatte sie nicht ihre Kupfermünze geworfen?

Kanao betrachtete ein Weilchen das sich drehende Windrad und sagte dann stockend: »Weil der Junge ... so eifrig und entschlossen war.«

Aoi blickte sie erstaunt an.

»Wenn wir es nicht angenommen hätten, hätte ihn das verletzt.«

Aoi starrte Kanao mit weit aufgerissenen Augen an. Sie spürte eine Enge in der Brust, und ihr versagte die Sprache. Gleichzeitig war sie tief beschämt darüber, wie hoffnungslos dumm sie war. Sie meinte, dass anderen zu helfen ein Ausdruck von Arroganz war, und zögerte dann plötzlich, das Geschenk des Jungen anzunehmen.

Der Grund war wahrscheinlich ihr Mitleid mit der verarmten Familie. Aber das Gegengeschenk des Jungen nicht anzunehmen, hätte ihr eigenes Geschenk zu reinen Almosen gemacht. Und ein Empfänger von Almosen wollte der Junge nicht sein. Deshalb hatte Kanao sein Geschenk ohne zu zögern angenommen.

Verglichen mit ihr bin ich ...

... unreif und heuchlerisch.

Aoi versank wieder in Selbsthass, doch Kanao drängte sie mit einer Geste zum Weitergehen. Aoi folgte ihr niedergeschlagen.

Der Weg führte nicht zum Schmetterlingsanwesen, aber das war Aoi mittlerweile egal. Nachdem sie eine Weile Kanao gefolgt war, kam ein Rastplatz mit einem roten Schirm in Sicht. *Ein Teehaus*, dachte sie zerstreut. Kanao blickte vor dem Teehaus umher, als ob sie jemanden suchen würde. Dann befragte sie leise einen älteren Herrn, vermutlich den Inhaber.

»Frau Kanroji? Ah, Mitsuri ... Sie ist heute nicht da.«

Auf diese Antwort hin schien Kanao schrecklich enttäuscht.

Mitsuri?

Da war wohl Mitsuri Kanroji gemeint, die mit Shinobu Kocho befreundete Säule der Liebe.

Ja, Aoi hatte davon gehört, dass es hier in der Gegend ein Teehaus gab, das Mitsuri häufig besuchte, und das sehr leckere Sanshokudango (»dreifarbige Klöße«) verkaufte.

Warum hat Kanao nach Frau Kanroji gefragt? Hat sie eine Nachricht von Frau Kocho für sie?

Hatte sie deswegen nach dem Heilkräuterhändler direkt das Teehaus angesteuert? Aber wenn das ihr Plan gewesen wäre, hätte sie das doch gesagt. Bei diesem Gedankengang Aois ...

Ah ...!

Aoi nahm die Hand vor den Mund. Ihr fiel nur eine mögliche Antwort ein.

»Wolltest du von der Säule der Liebe Geld leihen?«

Kanao zögerte einen Moment und bejahte dann.

»Weil du so in Bedrängnis warst.«

Aio war sprachlos.

»Ich dachte, das würde vielleicht das Problem lösen, aber es es hat nicht geklappt.«

Warme Tränen rannen Aois Wangen herab. Sie hatte sie so angestrengt unterdrückt, aber nun flossen sie frei heraus. Kanao sah Aoi erschrocken an und legte schließlich unsicher die Hand auf Aois Schulter.

»Danke«, hauchte Aoi mit heiserer Stimme und tief in ihrer Brust spürte sie sofort Erleichterung.

»Du hast mir heute so oft geholfen! Schon, als ich fast von der Säule der Klänge mitgenommen worden wäre, hast du ganz fest meine Hand gehalten und sie nicht losgelassen.«

Auf Aois Dankesworte hin machte Kanao ein verlegenes Gesicht und blickte ein wenig beschämt zu Boden.

Endlich konnte ich es aussprechen, dachte Aoi und Kanao sagte leise: »Wenn ich alleine gewesen wäre, hätte ich weder den Sumo-Ringer retten können, noch hätte ich gewusst, wie ich mich dem streitenden Ehepaar gegenüber verhalten sollte.«

»Kanao ...«

Aoi bekam wieder feuchte Augen.

»Seit wann kannst du Entscheidungen fällen, ohne deine Kupfermünze zu werfen?«

Auf diese Frage hin schwieg Kanao ein Weilchen.

»Tanjiro ...«

Mit der Erwähnung dieses Namens hätte Aoi nicht gerechnet.

»... hat zu mir gesagt, ich soll auf meine innere Stimme hören ... daher ...«

Ach so!

Aoi sah, wie sich Kanaos weiße Wangen rot färbten, und verstand nun alles. So, wie Tanjiro Aoi von ihrem tief verwurzelten Minderwertigkeitskomplex und ihren Schuldgefühlen befreit hatte, hatten seine Worte auch in Kanao eine Veränderung bewirkt.

Der Junge mit der sonnengleichen Strahlkraft hatte das puppenartige Mädchen zu einem Menschen gemacht. Sicher war das der Grund, warum Kanao nun zu diesem weichen und ausgeglichenen Gesichtsausdruck fähig war.

Eine Melange verschiedener Gefühle durchströmte Aoi, als sie Kanao ansah. Da war diese innere Wärme, die sie fast zum Weinen brachte, aber auch das leichte Gefühl der Traurigkeit, weil sie selbst nicht die Einzige war, an die der Junge Worte mit einer so positiven Botschaft gerichtet hatte. Und hinzu mischte sich die kindliche Freude darüber, dass Kanao und sie selbst ein ganz bestimmtes Gefühl teilten.

Das Mädchen, das ihr trotz ihres Zusammenlebens so distanziert vorgekommen war, schien ihr nun ganz nah. Kanao war direkt neben ihr.

Als Aoi schweigend Kanaos gerötete Wangen betrachtete, vernahm sie eine Stimme: »Hier, esst!«

Es war der greise Inhaber des Teehauses, er brachte einen Teller voller Sanshokudango und stellte ihn auf die Bank, an der die beiden Mädchen standen, und verschwand wieder.

»Ah, nein, wir haben leider gerade kein …«

Aoi wollte rundheraus zugeben, blank zu sein.

»Die gehen aufs Haus«, sagte der Mann mit einem herben Lächeln. »Ihr seid doch Kameradinnen von Mitsuri? Demon Slayer oder so?«

»Hm? Ah … Ja, das stimmt.«

»Meine Tochter wurde mal von einem Dämon überfallen, da hat Mitsuri sie gerettet. Ihr verdanken wir das Leben meiner Tochter!«

Erstaunt blickten sie ihn an.

»Das ist harte und gefährliche Arbeit, die ihr macht. Ich wünsche euch viel Glück. Aber übernehmt euch nicht!«

Nach diesem Ratschlag kehrte der alte Mann ins Teehaus zurück.

Aoi sah abwechselnd dem Inhaber nach und zum dampfenden Tee. Die ungekünstelten, freundlichen Worte und der sanfte Blick des alten Mannes wärmten ihr Herz.

Früher hätte sie sicher gesagt: »Dann darf ich Ihre Freundlichkeit erst recht nicht annehmen, weil ich ein Feigling bin, der sich nicht traut, mit in den Kampf zu ziehen.«

Doch jetzt hatte sie nicht das Gefühl, so reagieren zu müssen. Als Mitglied der Truppe freute es sie riesig, dass da jemand war, der die Demon Slayer kannte und ihnen Dankbarkeit entgegenbrachte.

Aoi schniefte leicht und sagte dann zu Kanao: »Lass sie uns dankbar annehmen und essen!«

Dann schenkte sie Kanao ein Lächeln, die es zaghaft erwiderte und nickte.

Die von der Säule der Liebe empfohlenen Sanshoku-dango waren in der Tat köstlich und ein wenig salzig …

Als sie das Teehaus hinter sich ließen, war der Himmel im Westen schon rötlich eingefärbt. Die beiden gingen durch die Stadt, in der es nun dunkler wurde, und ihre Schatten wurden immer länger. Nach der Rückkehr zum Schmetterlingsanwesen wollten sie sich dafür entschuldigen, dass sie keine Heilkräuter hatten kaufen können, und dann am nächsten Morgen als Erstes den Einkaufsgang nachholen. Das waren Aois Gedanken auf dem Rückweg.

Als sie den Stadtrand erreichten, hörten sie hinter sich jemanden auf sie zu laufen.

»He, Sie! Ja, Sie beiden jungen Frauen! Warten Sie mal!«

Sie drehten sich um, und da war der Inhaber des Heilkräuterladens mit dem verschrumpelten Auberginengesicht.

»Hah … hah … Ah, ein Glück, dass ich Sie gefunden habe!«

Er war ganz außer Atem, daher wartete Aoi ein wenig und fragte ihn dann: »Was gibt es denn?«

Der Mann setzte ein sichtlich unbehagliches Lächeln auf.

»Die Sache von heute Mittag tut mir wirklich sehr leid«, erwiderte er und überreichte Aoi die bestellten Heilkräuter, eingewickelt in einem Tuch.

»Bezahlen können Sie das irgendwann!«

»Was? Aber …«

Angesichts des plötzlichen Sinneswandels des Inhabers runzelte Aoi die Stirn, Kanao sah den Mann neugierig an.

Dem Inhaber schienen ihre Gesichter eher Argwohn als Freude über diese unerwartete Wendung auszudrücken, denn er fuhr fort: »Wissen Sie …«

Er sprach mit gedämpfter Stimme, damit niemand in der Umgebung ihn hören würde.

»Das heißt also, die ältere Dame, die ihr bei dem Wettessen kennengelernt habt, ist die Mutter des Mannes vom Heilkräuterladen?«

»Ja.«

Nachdem Aoi und Kanao von ihren Erlebnissen des Tages erzählt hatten, fragte Shinobu Kocho neugierig nach, und als Aoi zustimmend nickte, fügte sie verblüfft hinzu: »Was es nicht alles gibt … Die Welt ist klein!«

Die Mutter des Geschäftsinhabers hatte offenbar Shinobu, Kanao und Aoi einige Male im Laden gesehen. Westliche Kleidung war zwar schon recht verbreitet gewesen, doch die Demon-Slayer-Uniform hatte ihre Besonderheiten. Auch deshalb hatten die jungen Frauen einen bleibenden Eindruck bei ihr hinterlassen. Und als sie zum Geschäft zurückgekommen war und ihr Sohn den Vorfall vom Tag berichtet hatte, hatte sie sich sehr aufgeregt.

»Du hast diese wunderbaren Mädchen mit leeren Händen gehen lassen? Bist du so schwer von Begriff? Im Geschäftsleben geht es nicht immer nur um Profit! Das hab ich dir doch immer wieder gepredigt! Na los, geh und finde die Mädchen, du dummer Sohn!!«

Die Mutter hatte ein Machtwort gesprochen, und ihr Sohn war aus dem Laden gerannt.

»Und dann hat er auch noch mit dem Baumwollhändler, den er kennt, gesprochen, damit wir auch dort auf Rechnung einkaufen können.«

»Ach! Der hatte wohl ziemlich viel Angst vor seiner Mutter.« Shinobu Kocho lachte und fügte dann lobend hinzu: »Gut gemacht, Aoi!«

Aoi schüttelte heftig den Kopf, und ihr brach kalter Schweiß aus.

»A... aber nicht doch! Das kam ja alles nur, weil ich meinen Geldbeutel vergessen hatte ... Ohne Kanao wäre das nie so gut ausgegangen!«

»Das hat Kanao auch über dich gesagt.«

»Was?«

»Hast du alles gesagt, was du ihr sagen wolltest?«

Erschrocken hob Aoi den Kopf, doch Shinobu Kocho sah sie freundlich an und sagte: »Mir scheint, du konntest alles sagen!«

»Frau Kocho ...«

»Sorgen und Zweifel sind nie umsonst. Sie sind notwendig, um den Geist zu stählen und stärker zu werden. Aber ich bitte dich, eines nie zu vergessen: Du und Kanao, und auch Kiyo, Sumi und Naho, ihr seid meine wertvollen Untergebenen und wie eine liebe Familie für mich!«

Vor dem schönen Lächeln ihrer Vorgesetzten verbeugte sich Aoi tief. Vielleicht hatte Frau Kocho bereits gemerkt, dass Aoi Kanao gegenüber komplizierte Gefühle hegte, und sie deshalb zusammen zum Einkaufen geschickt.

Die verschiedenen in Aoi aufwallenden Gefühle erfüllten ihr Herz, und sie hielt den Kopf noch eine Weile unten.

Als Aoi das Zimmer von Frau Kocho verließ, war es draußen schon ganz dunkel. Durch das Papier der Schiebetüren schien fahles Mondlicht.

Sie musste nun die gekauften Heilkräuter ins Regal einsortieren, die Baumwolle schneiden und Bandagen aus ihnen herstellen. Ach ja, und Schlafkleidung und Bettzeug für die Demon Slayer mussten auch noch bereitet werden.

Zenitsu, Inosuke, Nezuko und Tanjiro setzten gerade ihr Leben im Kampf gegen die Dämonen ein, und sie sollten jederzeit zurückkehren und sofort ihre Verletzungen behandelt bekommen können.

Ich bin ja auch ein Mitglied der Demon Slayer!

Aoi ballte die Fäuste. Sie wunderte sich selbst darüber, dass sie nun so denken konnte. So frisch und zuversichtlich hatte sie sich vielleicht seit damals nicht mehr gefühlt, als sie das Auswahlverfahren überlebt hatte. Würde sie nun mit erhobenem Haupt leben können, ohne sich schuldig für ihr Überleben zu fühlen? Würde sie sich selbst so mögen können, wie sie war?

Ja, das wirst du sicher!, sagte eine Stimme. Von wem kam sie? Sie schien von Tanjiro zu kommen, aber auch von Frau Kocho und von Kanao. Dass Aoi nun wie selbstverständlich Kanaos Name einfiel, ließ sie ein wenig lächeln.

»Aoi! Einer der Demon Slayer, die sich ausruhen, hat eine Frage bezüglich der Fixierung der Bandagen! Was soll ich tun?«

Auf Nahos mit besorgtem Unterton gestellte Frage hin kehrte Aois ernster Gesichtsausdruck zurück. »Ich komme sofort«, erwiderte sie und eilte zum Krankenzimmer.

KAPITEL 5

Mittel- und Oberschule in einem! ☆ Die Geschichte von der Demon-Slayer-Schule

Die Demon-Slayer-Schule war Mittel- und Oberschule in einem. Sie war eine ganz durchschnittliche Schule und bei den Einwohnern der Stadt Kimetsu sehr beliebt. Sie war nicht bekannt dafür, dass besonders viele ihrer Absolventen eine Uni besuchten, aber auch nicht verrufen als Hort von Kleinkriminellen. Doch eine Besonderheit hatte diese sonst ganz normale Schule. Und dies war die Tatsache, dass es dort viele Problemkinder gab.

»Du willst deine Mitgliedschaft im Disziplinarausschuss beenden?«

»Ja.«

Nachdem Zenitsu in der Mittagspause hinter dem Schulhaus dem Freund sein Leid geklagt hatte, konnte er dessen Frage nur resigniert bejahen. Als Aufsichtsschüler hatte er auch heute wieder die Uniformen der Schüler dieser Problemschule auf Korrektheit geprüft und war völlig ausgelaugt.

Der von Wölfen … nein, von Wildschweinen aufgezogene Junge namens Inosuke Hashibira, dessen Geschichte in den Medien für viel Aufsehen gesorgt hatte, rannte immer barfuß und mit offenem Hemd herum und hatte außer einem Bento nie etwas bei sich. Dann waren da noch Susamaru, die Leiterin der Volleyball-AG, die immer einen Ball aus Stahl mit sich rumschleppte, das Extrem-Girl Ume (sie verabscheute Hässlichkeit, machte ihre Uniform selbst und hatte obendrein eine erotische Ausstrahlung) und deren Bruder (der einen enormen Schwesterkomplex hatte und extrem stark war). All diese Schüler und Schülerinnen raubten Zenitsu durch ihr unvernünftiges Verhalten den letzten Nerv und zehrten ihn auch körperlich aus.

»Ich will nicht mehr! Ich wollte eigentlich gar nicht in den Ausschuss! Ich hab den Job aufgezwungen bekommen, weil ich zufällig an dem Tag, wo die Mitglieder bestimmt wurden, nicht da war!«

Zenitsu schniefte geräuschvoll. »An dieser Schule für Disziplin zu sorgen, dafür bin ich nicht geschaffen!«

»Ich finde, du bist sehr geeignet für den Job«, erwiderte Tanjiro mit gerunzelter Stirn. »Du bleibst trotz allem immer freundlich. Außerdem bin ich dank dir mit dem Ohrring meines Vaters durchgekommen.«

Doch diesen warmherzigen Freund sah Zenitsu nun scharf an.

»Dann mach du das doch! Geh du für mich als Aufsichtsschüler in den Disziplinarausschuss!«

»Hm ... Aber ich muss morgens meinen Eltern bei der Arbeit helfen.«

Tanjiros Eltern betrieben eine beliebte Bäckerei, die jeden Morgen um die tausend Stücke Backwaren zu backen hatte. Dabei bevorzugte Tanjiro morgens Reis, doch dass er traditionell japanisches Frühstück zu sich nahm, war allgemein nicht bekannt.

Nebenbei gesagt: Seine jüngere Schwester Nezuko Kamado war nicht nur sehr schön, sondern hatte auch stets ein französisches Weißbrot im Mund. Und so tuschelte man: »Wenn du Nezuko begegnest, während sie gerade um die Ecke biegt, kann die typische ›Mit einem schönen Mädchen zusammenstoßen, das gerade ein Pausenbrot essend um die Ecke kommt‹-Anime-Situation wahr werden.« Doch bislang hat noch niemand diesen Traum verwirklicht bekommen. Und schuld daran war ein gewisser Jemand, der (einseitig) in sie verliebt war und sie ständig, sei es vor oder nach der Schule, aus dem Schatten eines Telegrafenmastes heraus beobachtete. Diese ansonsten reichlich ungeschickte

Person entwickelte, wenn es um Nezuko Kamado ging, enorme Kräfte, die denen eines Dämons gleichkamen.

»Dann hilf mir wenigstens dabei, den Job als Aufsichtsschüler abzugeben!«

»Kannst du nicht einfach Herrn Tomioka Bescheid sagen, dass du aufhören willst?«

Auf Tanjiros schlichte Frage hin machte Zenitsu ein Gesicht, das man sich angewiderter nicht vorstellen konnte.

»Der hört einem ja nicht zu! Jedes Mal, wenn ich ihm sage: ›Ich will das nicht mehr machen‹, antwortet er: ›Ich hab doch gesagt, du sollst dir die Haare schwarz färben.‹ Dann haut er mir eine runter! Im Ernst: Was ist los mit dem Kerl?!«

Giyu Tomioka, Sportlehrer und Leiter des Disziplinarausschusses, war stets übel gelaunt. Und da ihm obendrein auch oft die Hand ausrutschte, wurde er von den meisten Schülern (bis auf Tanjiro und sehr wenige andere) gefürchtet. Der Lehrer-Eltern-Ausschuss versuchte gegen ihn vorzugehen und tagte bereits zahllose Male, und man munkelte, er werde demnächst in »Tomioka-Eltern-Ausschuss« umbenannt ...

Doch Tomioka selbst war vermutlich zu naiv, um sich der Gefahr einer Entlassung bewusst zu sein. Es ging ein

Gerücht um, demzufolge er einmal an einem regnerischen Tag eine ausgesetzte Katze bei sich aufgenommen haben solle und eigentlich ein erstaunlich guter Mensch sei. Doch diese Legende konnte weder verifiziert noch widerlegt werden und trug nicht wesentlich zu einer Imageaufbesserung Tomiokas bei.

»Aber wenn du aufhören willst, kommst du nicht an Tomioka vorbei.«

»Wie oft muss ich das noch sagen?« Zenitsu wurde wütend und laut. »Ich hab's ihm schon x-mal geflüstert, aber der hört mir einfach nicht zu! Sobald ich ihn anspreche, schlägt er mich! Selbst wenn ich nur den Anschein mache, ihn ansprechen zu wollen, schlägt er mich! Was zum Teufel ist das für ein Typ? Wieso kann so einer Lehrer werden? Dieser Tomioäääärgh ...«

»Zenitsu?«

Mittlerweile bekam Zenitsu schon beim Aussprechen des Namens Brechreiz. Man konnte es schon Tomioka-Allergie nennen.

Zenitsu war selbst erschüttert, wie sehr sich wegen dieses Lehrers Finsternis in seiner Seele breitgemacht hatte, und Tanjiro schien nun auch endlich den Ernst der Lage erkannt zu haben, denn er sagte nickend: »Alles klar. Ich mache dir einen Vorschlag, Zenitsu: Wenn Herr Tomioka einmal gute Laune hat, gehen wir zusammen zu ihm. Ich begleite dich!«

»Der und gut gelaunt? Kommt das überhaupt je vor?«

Vielleicht an dem Tag, an dem er sein Gehalt bekam? Oder am Premium Friday*.

Oder an einem Tag, an dem er ein Date hatte? (Hatte er überhaupt eine Freundin?)

Zenitsu konnte sich Tomioka gut gelaunt gar nicht vorstellen. Oder besser gesagt, er wollte es nicht. Die Vorstellung alleine ließ ihn erzittern.

»Lachs mit Rettich«, sagte Tanjiro lakonisch.

»Hä?«

»Herr Tomioka isst gerne Lachs mit Rettich.«

»Na und? Woher weißt du so was? Du machst mir Angst!«

»Na ja, weißt du, der war schon Stammkunde bei uns, bevor ich in die Schule gegangen bin.«

Tanjiro hatte in der Bäckerei zufällig einmal aufgeschnappt, wie Tomioka im Gespräch mit einem anderen Stammkunden sein Leibgericht bekannt gab. Und aus einer zuverlässigen Quelle wusste er außerdem: »Nur wenn er Lachs mit Rettich isst, lächelt er ein klein wenig.«

* *Staatliche Kampagne zur Förderung von Konsum*

»Igitt! Der lächelt? Der kann wirklich lächeln?«

»Hör zu, Zenitsu …«, sagte Tanjiro geduldig zu seinem Freund, der am ganzen Leib wie Espenlaub zitterte. »Herr Tomioka isst jeden Tag in der Mensa das Fischgericht. Und gerade heute …«

»Ist nicht wahr, oder?«

Endlich machte Zenitsu ein ernstes Gesicht und sah Tanjiro an, der gewichtig nickte.

»Heute gibt's Lachs mit Rettich!«

»Tanjirooooooo!«

Tief bewegt machte Zenitsu ein hocherfreutes Gesicht und umarmte Tanjiro fest: »Du bist mein bester Freund!«

»Du tust mir weh, Zenitsu.«

»Du weißt, was jetzt zu tun ist! Wir gehen sofort los«, trieb er Tanjiro an.

Frohen Mutes gingen sie zur Mensa und sahen dort Herrn Tomioka alleine an einem Tisch am Fester sitzen, auf dem Teller vor sich das Fischgericht des Tages. Von ihrer Position aus konnten sie ihn nur schräg von hinten sehen und daher seinen aktuellen Gesichtsausdruck nicht erkennen, doch sie waren sicher, dass der Sportlehrer eine strahlend glückliche Miene machte, wie sie sie noch nie zuvor an ihm gesehen hatten.

Tanjiro nickte Zenitsu wortlos zu, Letzterer nickte zurück, ging auf den Speisenden zu und sprach ihn an: »Herr Tomioka, ich möchte etwas mit Ihnen besprechen!«

Irgendwie hatte er es geschafft, den Namen ohne übermäßigen Brechreiz auszusprechen, und der Angesprochene drehte sich um.

»Agatsuma ...«

»Ich möchte nicht mehr für den Disziplinarausschuss ...«

»Wann färbst du dir endlich dic Haare schwarz?«

Bevor Zenitsu sein Anliegen ganz ausformulieren konnte, kam mit nie dagewesener Geschwindigkeit Tomiokas rechte Faust angeflogen und landete auf Zenitsus Wange. Dem Schlag wohnte nicht die geringste Glückseligkeit aufgrund des Verzehrs von Lachs mit Rettich inne. Im Gegenteil, das Gesicht des Lehrers verriet sogar tiefen Groll, als er erklärte: »Als Aufsichtsschüler gibst du ein schlechtes Beispiel ab! Du färbst dir jetzt sofort die Haare schwarz!«

Warum? Wieso? Ich dachte, bei Lachs mit Rettich lächelt er?, fragte Zenitsu sich noch, während sich sein Bewusstsein trübte. Er sah noch, wie Tanjiro aufgeregt hinzu eilte, und konnte einen Blick auf Herrn Tomiokas Teller erhaschen. Doch was auf dem gemusterten Porzellan lag, war mitnichten Lachs mit Rettich …

Oh nein! Das ist Gelbschwanzmakrele mit Rettich! Das kann doch nicht wahr sein!

Nachdem er sich im Geiste bei seinem Freund beschwert hatte, verlor Zenitsu das Bewusstsein.

»Es tut mir unendlich leid! Verzeih mir!«

»Nein … Da konntest du auch nichts machen.«

Nach der Schule war Tanjiro zur Krankenstation gegangen, um Zenitsu abzuholen. Dort entschuldigte er sich für den Irrtum, doch Zenitsu, der noch im Krankenbett lag, schüttelte kraftlos den Kopf.

»Wenn wegen Mangel an gutem Lachs das Menü auf Gelbschwanzmakrele geändert wurde, kannst du nichts dafür! Schuld ist eher mein sprichwörtliches Pech, ha ha ha …«

»Zenitsu …«

Mit entrücktem Blick sah Zenitsu aus dem Fenster, und Tanjiro runzelte gequält die Stirn. Doch dann setzte er eine betont zuversichtliche Miene auf und sagte: »Pass auf, Zenitsu, ich hab eine Idee.«

»Hm?«

»Wollen wir statt Herrn Tomioka nicht einen anderen Lehrer um Rat fragen?«

»Statt To... ah ... jenem Lehrer einen anderen Lehrer ...?« Zenitsu unterbrach sich hastig selbst, um Brechreiz zu vermeiden. »Wen denn zum Beispiel?«

»Hm ...«

Tanjiro dachte angestrengt nach.

»Kunstlehrer Uzui oder so?«

»Abgelehnt!! Der Kapuzentyp? Nur den nicht! Den hasse ich! Den hasse ich wie die Pest!«

»Dann vielleicht Kyogai ... den Musiklehrer?«

»Dem Herrn Kyogai wird doch schon schlecht, wenn er nur dein Gesicht sieht!«

Tanjiro legte fragend den Kopf zur Seite, denn er selbst hatte nicht die leiseste Ahnung, wie unvorstellbar unmusikalisch er war. Dann grübelte er noch ein wenig nach, bis sich seine Miene plötzlich aufhellte.

»Ich hab's! Wir fragen Herrn Rengoku!«

»Genau! Der ist der Richtige!«

Zenitsu sprang vor Freude aus dem Bett der Krankenstation.

»Herr Rengoku ist mindestens so ein Individualist wie Tomi… äh, jener andere Lehrer, aber im Gegensatz zu dem ist er ein ziemlich angenehmer Mensch!«

Kyojuro Rengoku unterrichtete Geschichte und war Lehrer aus Leidenschaft, der seine Schüler über alles liebte. Obwohl er die Eigenart hatte, seinen Gesprächspartnern nicht richtig zuzuhören, war er sehr beliebt bei der Schülerschaft. In der Rangliste der populärsten Lehrer der Demon-Slayer-Schule rangierte er mit großem Abstand auf Platz 1.

Angeblich soll es sogar Extremfans von ihm gegeben haben, die Dinge sagten wie: »Wenn er die weißen Hemdsärmel hochgekrempelt hat und man seine Armmuskeln sieht, das ist zum Dahinschmelzen«, »Ich möchte seine Krawattennadel sein« oder »Ich will, dass er ewig jung und stark bleibt«. Durch dieses Image des sympathischen jungen Mannes soll er schon bergeweise Einladungen zu Heiratsgesprächen bekommen haben, die abzulehnen ihn eine Menge Zeit und Kraft gekostet haben soll.

»Aber wo ist Herr Rengoku jetzt um diese Uhrzeit?«

»Im Lehrerzimmer, oder?«

»Herr Rengoku war eben noch in der Bibliothek.«

Plötzlich meldete sich jemand vom Nachbarbett zu Wort, und Zenitsu sprang erschrocken auf. Der zwischen den

Betten gespannte Vorhang wurde etwas zur Seite gezogen, und zum Vorschein kam das Gesicht eines grimmig dreinschauenden Schülers.

»Ah … hallo«, grüßte Zenitsu furchtsam.

»Entschuldigung, dass wir so laut waren«, ergänzte Tanjiro beflissen. Doch das änderte an dem mürrischen Gesichtsausdruck des Schülers gar nichts.

»Schön, dass ihr es einseht, dann macht jetzt ganz schnell die Biege! Es gibt nichts, was ich mehr hasse als Leute, die mich dabei stören, wie ich alleine von meinem Bett aus durch den Vorhang Frau Tamayos Schalten und Walten beobachte«, giftete er und zog rasch den Vorhang wieder zu.

Sofort darauf öffnete sich der Vorhang auf der anderen Seite und gab den Blick auf das Gesicht der Schulärztin Frau Tamayo frei.

»Ah, Agatsuma! Bist du wieder wach? Schön!«

»Äh, ja. Vielen Dank.«

»Dein Gesicht hat wieder ein wenig Farbe bekommen, aber bleib lieber noch eine halbe Stunde liegen, ja?«

Frau Tamayo lächelte warmherzig. In dem Augenblick wurde ein Grummeln, das sich wie »Haut endlich ab« anhörte, vernehmbar. In ihm war fast schon so etwas wie

Tötungsabsicht hörbar, sodass Zenitsu hastig erklärte: »Ich bin schon völlig wiederhergestellt!«

»Vielen Dank!«

Nachdem Tanjiro und Zenitsu sich höflich verabschiedet hatten, verließen sie fluchtartig die Krankenstation.

Der Typ hinter dem Vorhang war offensichtlich Yushiro, der Herr der Krankenstation, gewesen. Man munkelte, er verbringe weitaus mehr Zeit in der Krankenstation als im Klassenzimmer, und er duldete es nicht, dass sich jemand der Krankenstation näherte, sei er auch noch so schwer lädiert. Niemand wusste, welcher Klasse oder welchem Jahrgang er angehörte, oder wie alt er war – nicht einmal, ob er überhaupt ein Schüler der Demon-Slayer-Schule war.

Als die beiden die Bibliothek erreichten, hatte der besagte Lehrer diese gerade verlassen.

»Herr Rengoku …«

»Oh! Was gibt's? Wolltet ihr Jungs zu mir?«

Der Geschichtslehrer zeigte ein freundliches Lächeln. In der Hand hatte er Bücher mit den unzweideutigen Titeln

»Macht Bentos, Männer!«, »Leckere Bentos für 365 Tage« und »Bentos, die Kinderherzen erfreuen«.

»(Frag du ihn!)«

»(Nein, das hier ist dein Job, Zenitsu!)«

Tanjiro und Zenitsu drängten sich wortlos gegenseitig dazu, die Initiative zu ergreifen.

Doch die Feinheiten in ihrem Gesichtsausdruck erkannte Herr Rengoku nicht. Nicht, dass er vollkommen unsensibel gewesen wäre, aber Details wahrzunehmen und eine Situation atmosphärisch zu erfassen war nicht seine Stärke.

Tanjiro erbarmte sich: »Ähm ... Sie wohnen bei Ihren Eltern, nicht wahr? Sind Sie eigentlich verheiratet?«

»Ja, ich wohne mit meinen Eltern und meinem kleinen Bruder zusammen! Ich bin nicht verheiratet! Warum willst du das wissen, Kamado?«

»Machen Sie Ihre Bentos selbst?«

»Ah, wegen der Bücher«, erkannte Herr Rengoku nun endlich und ließ die weißen Zähne aufblitzen. »Meine Mutter ist in letzter Zeit beruflich zu sehr eingespannt, daher ...«

Daher wolle er an ihrer statt die Bentos für seinen kleinen Bruder zubereiten, sagte er.

»Natürlich kann ich nicht so gut kochen wie meine Mutter, aber ich möchte Bentos machen, die Senjuro gerne isst.«

Seine Antworten enthielten also keine besonderen Offenbarungen, sondern waren einfach freundlich genug, um seine Beliebtheit zu steigern. Ganz im Gegensatz zu ihm stürzte Herrn Tomiokas Beliebtheitsgrad jedes Mal, wenn er nur den Mund aufmachte, in den Keller.

»Wollt ihr auch mal Bentos zubereiten? Wenn ihr mögt, kommt doch gleich mit zu mir nach Hause!«

»Äh, nein danke. Wir wollten Sie eigentlich um Ihren Rat bitten ...«, erwiderte Tanjiro hastig auf des Lehrers offenherzige Einladung hin. »Nicht wahr, Zenitsu?«

»Ja, genau! Es geht um Herrn Tomioka ...«

»Tomioka? Ihr meint meinen Kollegen Giyu Tomioka?«

»Ja. Es ist nämlich so: Ich möchte nicht mehr Aufsichtsschüler und Mitglied des Disziplinarausschusses sein. Aber Herr Tomioka hört mir einfach nicht zu ...«

Zenitsu sprach nun über die Sache, die sich kurz zuvor in der Mensa zugetragen hatte.

»Hm ...« Der Geschichtslehrer hatte beim Zuhören ein ungewöhnlich ernstes Gesicht gemacht und kommentierte nun fröhlich: »Lachs mit Rettich ist auch nicht schlecht! Fisch und Gemüse sind gesund, und jetzt ist ja

Rettichsaison! Gemüse der Saison zu essen ist gesund! Es hat einen hohen Nährwert!«

»Was?«

»Ä… ähm …«

»Kommt mit mir zum Supermarkt und dann zu mir nach Hause. Nein, den Rettich kaufen wir beim Gemüsehändler, und den Fisch besser beim Fischhändler!«

»Wie gesagt, es geht uns eigentlich um was anderes …«

»Schürzen leihe ich euch. Keine falsche Bescheidenheit!«

»Nein …«

»Herr Lehrer, ist Rettich nicht ungeeignet für Bentos? Wenn man ihn nicht geschickt schneidet, wird der Reis zu feucht und klebrig.«

»Hm? Jetzt lenk du nicht auch noch vom Thema ab!«

»Ach so, ja, Reis müssen wir ja auch kochen! Ohne Beilage stimmt die Balance nicht!«

»Wie wär's damit, den Reis mit dem Fisch und Gemüse gemischt zu kochen?«

»Gute Idee! Also, auf zum Reishändler!«

»Nein, ich möchte …«

»Nicht so schüchtern! Gute Kommunikation zwischen Lehrer und Schüler ist wichtig!!«

Dampf
Dampf
HMM...

»Aber ich will doch nur meinen Job als Aufsichtsschüler für den Disziplinarausschuss aufgeben!«

Und so wurde Zenitsu zum Spielball zwischen einem Geschichtslehrer, der noch schlechter zuhörte als ein gewisser anderer Lehrer, und seinem unerwartet vergesslichen besten Freund – während seine wertvolle Zeit nach Unterrichtsschluss ungenutzt zerrann.

»Ich hätte nicht gedacht, dass Herr Rengoku so dermaßen schlecht zuhört.«

In dem Imbissrestaurant »Aoi« nahe der Schule saßen Tanjiro und Zenitsu, um kalten Kaffee und Süßigkeiten zu sich zu nehmen, denn sie wollten einen anderen Geschmack in den Mund bekommen. Zenitsu legte resigniert seinen Kopf auf die Tischplatte.

Herr Rengoku, der einen patenten Eindruck gemacht hatte, hatte sich als unfassbar unfähiger Koch erwiesen. Man konnte es ihm nicht übel nehmen, da kein böser Wille dahintersteckte, aber allein schon beim Abschmecken seiner Kreation spielten die Geschmacksnerven verrückt – eine Mahlzeit mit diesem Aroma zu verspeisen erforderte Todesmut. Tanjiro und Zenitsu konnten danach für eine ganze Weile weder Lachs noch Rettich auch nur aus der Ferne sehen.

»Und als ich dachte, wir sind endlich fertig, mussten wir auch noch mit zur Kendo-Halle, wo sein Vater Unterricht gibt ...!«

»Na ja, Senjuro und sein Vater freuten sich ja über unseren Besuch, also ist doch alles gut«, gab Tanjiro in Musterschülermanier zu bedenken. Zenitsu sah ihn vorwurfsvoll an.

»Und was ist mit meinem Problem? Ich bin einer Lösung keinen Millimeter nähergekommen!«

»Ach stimmt ja, da war ja noch was. Ganz vergessen, tut mir leid.«

Er hat es tatsächlich vergessen, dachte Zenitsu.

»Ab morgen durchlebe ich wieder die Hölle! Hah ... Ich würde am liebsten weglaufen, in eine Welt, in der es Tomi... jenen Lehrer nicht gibt.«

Auch nachdem der bestellte kalte Kaffee und die Süßigkeiten serviert worden waren, lamentierte Zenitsu endlos weiter, und als Tanjiro ihn tröstete, kam Aoi Kanzaki, das Aushängeschild des Restaurants, mit Shinobu Kocho zurück.

»Sieh an, wir haben Tanjiro und Zenitsu zu Gast!«

»Willkommen! Ich schenke gleich Tee nach. Shinobu, setz du dich auch dazu. Soll ich weiße Reismehlknödel mit Fruchtsalat und Sahne bringen?«

»Ja, mit viel braunem Zuckersirup!«

Aoi war im zweiten Jahr der Oberschule und Mitglied der Ikebana*-AG, Shinobu aus dem dritten Jahr war gleichzeitig in der Pharmazie- und der Fechten-AG. Beide hatten fein geschnittene Gesichter, aber besonders Shinobu war so schön, dass sie mit nicht enden wollenden Anfragen aus dem Showbusiness bombardiert wurde. Außerdem hatte sie Spitzennoten. Sie war aber nicht nur schön und klug, sondern errang auch Siege bei Fechtturnieren, sodass sie jedes Jahr die schulinterne Miss-Wahl für sich entschied.

Andererseits zirkulierten auch eher unvorteilhafte Gerüchte über Shinobu. Man munkelte, in der Pharmazie-AG braue sie geschmacks- und geruchlose Gefahrenstoffe zusammen, und es gebe nicht wenige Lehrer, die ihr hörig seien, unter ihnen möglicherweise auch jener Herr Tomioka …

Einige wenige gaben ihr den Spitznamen »Gift-Prinzessin«.

* *Kunst des Blumenarrangierens*

Doch Zenitsu nahm diese Gerüchte natürlich nicht für bare Münze, und zwar aus dem einfachen Grund, weil *ein so schönes Mädchen kein schlechter Mensch sein kann.*

»Was hast du denn? Du schaust ja so niedergeschlagen ... Willst du mir nicht von deinem Problem erzählen?«, fragte Shinobu ihn nun besorgt. Sie hatte sich zu Zenitsu an den Tisch gesetzt.

Zenitsu war hingerissen. So ein nettes Mädchen konnte unmöglich so schreckliche Dinge tun. Die Gerüchte hatten sicher Leute in die Welt gesetzt, die sie um ihre Schönheit und ihre Talente beneideten. Es konnte gar nicht anders sein.

»Nun, es ist so ...«

Zenitsu klagte ihr also sein Leid. Shinobu hörte ihm freundlich und interessiert zu. Dann sagte sie: »Ich glaube, Herr Tomioka setzt hohe Erwartungen in dich.«

»Hohe Erwartungen ...?«

Auf diesen selten gehörten Ausdruck reagierte Zenitsu mit Stirnrunzeln. Shinobu lächelte sanft.

»Ja, so ist Herr Tomioka, aber er wird von den Schülern oft missverstanden, und viele bleiben nicht lange im Disziplinarausschuss. Aber du folgst Herrn Tomioka doch ordentlich, Zenitsu? Ich glaube, in seinem Herzen freut er sich über dich.«

»Nein, es ist nicht so, dass ich ihm freiwillig folge ...«

Es war die Kette namens »körperliche Züchtigung«, an die er gelegt worden war, und die ihn dazu zwang.

»Herr Tomioka hat neulich mal vor sich hingemurmelt: ›Agatsuma macht seine Sache gut.‹«

»Das hat Herr ... Tomioka gesagt?«

Zenitsu sah Shinobu ungläubig an. Es mochte an Shinobus Schönheit liegen oder an dem von ihr gezeichneten äußerst positiven Bild des Sportlehrers, der nun wie ein komplett anderer Mensch erschien – jedenfalls war Zenitsu nun in der Lage, Tomiokas Namen ohne Brechreiz auszusprechen.

»Als Aufsichtsschüler hat man wirklich einen harten Job, finde ich. Aber durch euch, Zenitsu, werden in unserer Schule Ruhe und Ordnung aufrechterhalten!«

Die Göttin der Schule lächelte und ließ schön die Augen funkeln, dann legte sie sanft ihre Hand auf Zenitsus. Ein unbeschreiblicher Wohlgeruch ging von ihr aus, möglicherweise von ihrem Shampoo oder einem Parfüm.

»Viel Glück, Zenitsu! Ich unterstütze dich wie keinen anderen!«

»Jawohl!«

Voller Erregung, die fast zu Nasenbluten führte, ergriff

Zenitsu Shinobus Hand und versicherte: »Ich mach das schon!«

Innerlich machte er Luftsprünge und rief: *Ich bin glücklich! Ich bin so glücklich!*

Nun trat Aoi hinzu, schenkte Tee nach, servierte weiße Reismehlknödel mit Fruchtsalat und Sahne. Mit einem unbeschreiblichen Gesichtsausdruck sah sie Shinobu und Zenitsu an und hauchte mit leiser Stimme: »Ich will ja nichts sagen, Zenitsu, aber du bist diesen Monat schon der Dreizehnte, zu dem Shinobu sagt, sie unterstütze ihn mehr als jeden anderen. Daher würde ich dir raten, nicht allzu viel auf ihre Behauptung zu geben.«

Doch natürlich erreichten ihre Worte Zenitsu nicht.

»Dann ist ja alles gut, Zenitsu. Ich wusste, die Arbeit als Aufsichtsschüler liegt dir. Gib alles!«

Auch Tanjiros mit breitem Lächeln vorgebrachte Aufmunterung fiel bei Zenitsu auf taube Ohren. Aoi seufzte: »Oh Mann …«

Ich krieg das hin! Ich schaffe das! Ich bin schließlich der Mann, den Shinobu unterstützt wie keinen anderen!, schwor sich feurig der im Grunde seines Herzens naive Zenitsu.

»Herr Tomioka!«

Als Zenitsu am nächsten Morgen Herrn Tomioka die Uniformen der Schüler überprüfen sah, ging er lächelnd auf ihn zu. Der Sportlehrer trug auch heute wieder eine Trainingsjacke, von seinem Hals hing die Trillerpfeife, die er für Anweisungen benutzte, und in der Hand hielt er sein geliebtes Bambusschwert.

»Herr Tomioka! Ich habe einen Friseurtermin für nächsten Samstag! Ich werde mir die Haare schwarz färben lassen und mir noch mehr Mühe als Aufsichtsschüler geben! Bitte geben Sie mir auch weiterhin Ihre Anweisungen und Ermutigungen«, verkündete Zenitsu und strahlte den Lehrer an, als wäre er neu geboren worden.

»Halt die Klappe!«

Entgegen aller Erwartung musste Zenitsu einen Schlag einstecken, der ihn im hohen Bogen durch die Luft segeln ließ.

»Sprich nicht so laut auf dem Schulgelände!«

Wie konnte er nur ...

Zenitsu brach auf der Stelle zusammen, ohne auch nur eine Träne zu vergießen.

Und in der Mittagspause ...

»Tanjirooooo! Ich will aus dem Disziplinarausschuss raus! Ich kann nicht mehr! Der Tomioääärgh ...«

»Zenitsu ...«

Und Zenitsu Agatsumas Schreie hallten über das ganze Schulgelände ...

EPILOG

Da es mir gelungen ist, ein wertvolles Talent zum Verbleib auf seinem Posten zu bewegen, bitte ich Sie, unserer AG ab sofort mehr Zeit in der Sporthalle zuzuteilen. Sie werden meiner Bitte doch sicher nachkommen, Herr Tomioka?«

So soll laut Augenzeugenbericht Shinobu tags darauf mit lammfrommer Miene den Sportlehrer bedroht … ich korrigiere: um etwas gebeten haben. Und nachdem Zenitsu davon hörte, war er für drei Tage bettlägerig. Aber das ist wieder eine andere Geschichte.

Auch heute verlebte die Demon-Slayer-Schule (mit Ausnahme eines einzigen Schülers) wieder einen friedlichen Tag.

NACHWORT

VON KOYOHARU GOTOUGE

Ich grüße euch!
Als ich neulich beim Optiker eine Brille probierte, sagte der Verkäufer: „Tragen Sie sie doch ein wenig tiefer, das sieht schicker aus!“ Und so versetzte ich die Brille auf die Nasenspitze, woraufhin er mit einem gezwungenen Lächeln meinte, das sei dann doch übertrieben.
Hattet ihr Spaß beim Lesen dieser Light Novel? Das war das erste Mal, dass ich Illustrationen für eine Light Novel beisteuerte, und da ich die Vorlage verfasst hatte, war ich sehr aufgeregt! Wenn es uns gelungen ist, durch Freude eure Immunabwehr zu stärken, damit ihr euch nicht erkältet, sondern gesund und vital durchs Leben geht, würde mich das sehr freuen.

Nachwort von Aya Yajima

Ich liebe *Demon Slayer.* Wirklich, ich liebe es. Ich liebe es so sehr, dass ich mir schon fast Sorgen mache. Ich liebe *Demon Slayer* über alle Maßen.

Als ich das Angebot bekam, diese Light Novel zu schreiben, war ich daher so überglücklich, dass ich innerlich Freudenschreie *(Gyaaah!)* ausstieß (natürlich in grell-hoher Stimmlage). Koyoharu Gotouge hat, obwohl so beschäftigt mit der Manga-Serie und der Anime-Bearbeitung, sehr aufmerksam mein Manuskript geprüft, viele unheimlich kraftvolle Illustrationen und ein wunderbares Umschlagbild gezeichnet. Vielen, vielen Dank dafür! Als ich den Namen von Lehrmeister Jigoro erfuhr, machte mich das so glücklich, dass ich vor meinem Computer mit dem Kopf auf der Tischplatte aufstieß!

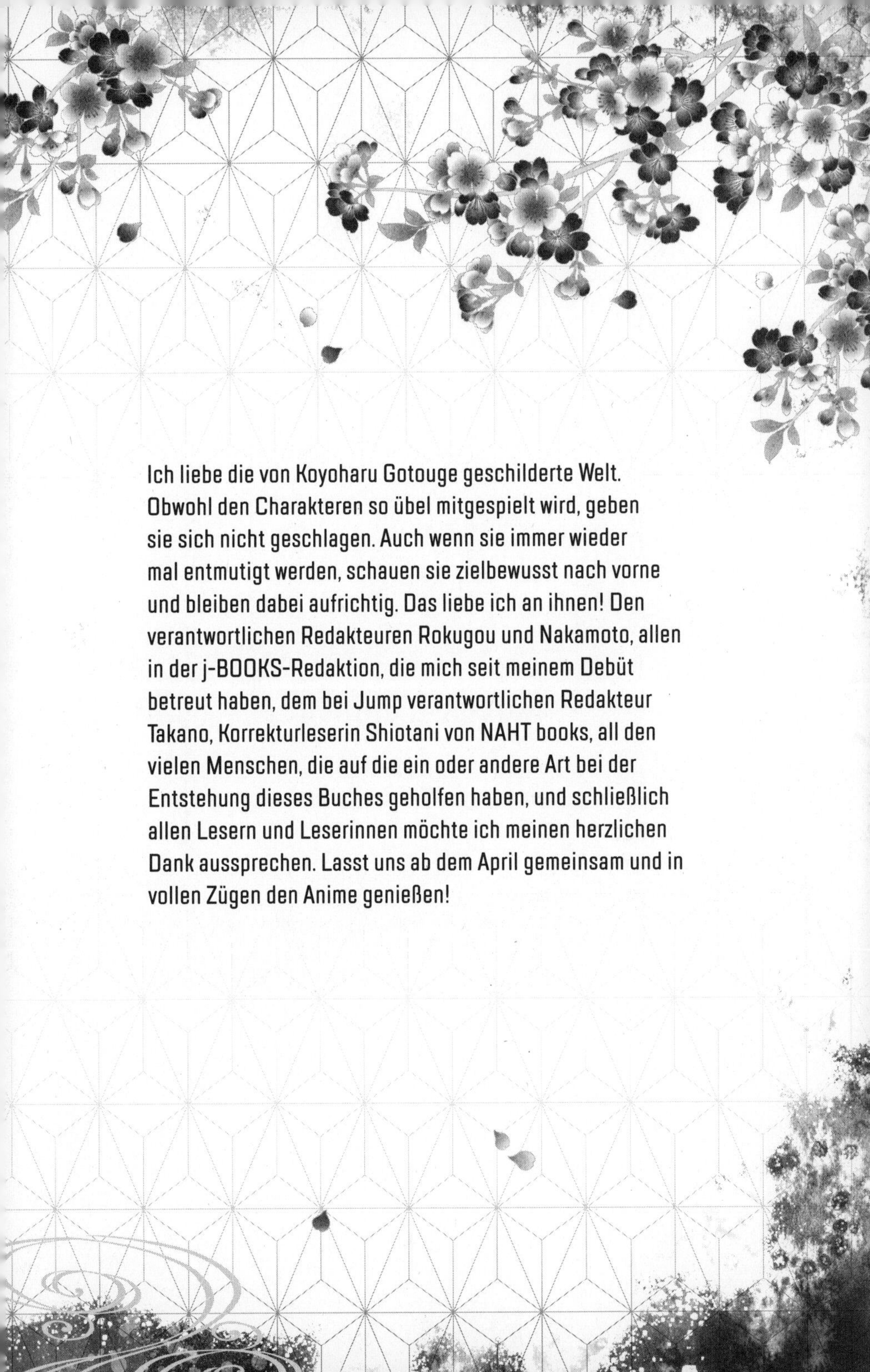

Ich liebe die von Koyoharu Gotouge geschilderte Welt. Obwohl den Charakteren so übel mitgespielt wird, geben sie sich nicht geschlagen. Auch wenn sie immer wieder mal entmutigt werden, schauen sie zielbewusst nach vorne und bleiben dabei aufrichtig. Das liebe ich an ihnen! Den verantwortlichen Redakteuren Rokugou und Nakamoto, allen in der j-BOOKS-Redaktion, die mich seit meinem Debüt betreut haben, dem bei Jump verantwortlichen Redakteur Takano, Korrekturleserin Shiotani von NAHT books, all den vielen Menschen, die auf die ein oder andere Art bei der Entstehung dieses Buches geholfen haben, und schließlich allen Lesern und Leserinnen möchte ich meinen herzlichen Dank aussprechen. Lasst uns ab dem April gemeinsam und in vollen Zügen den Anime genießen!

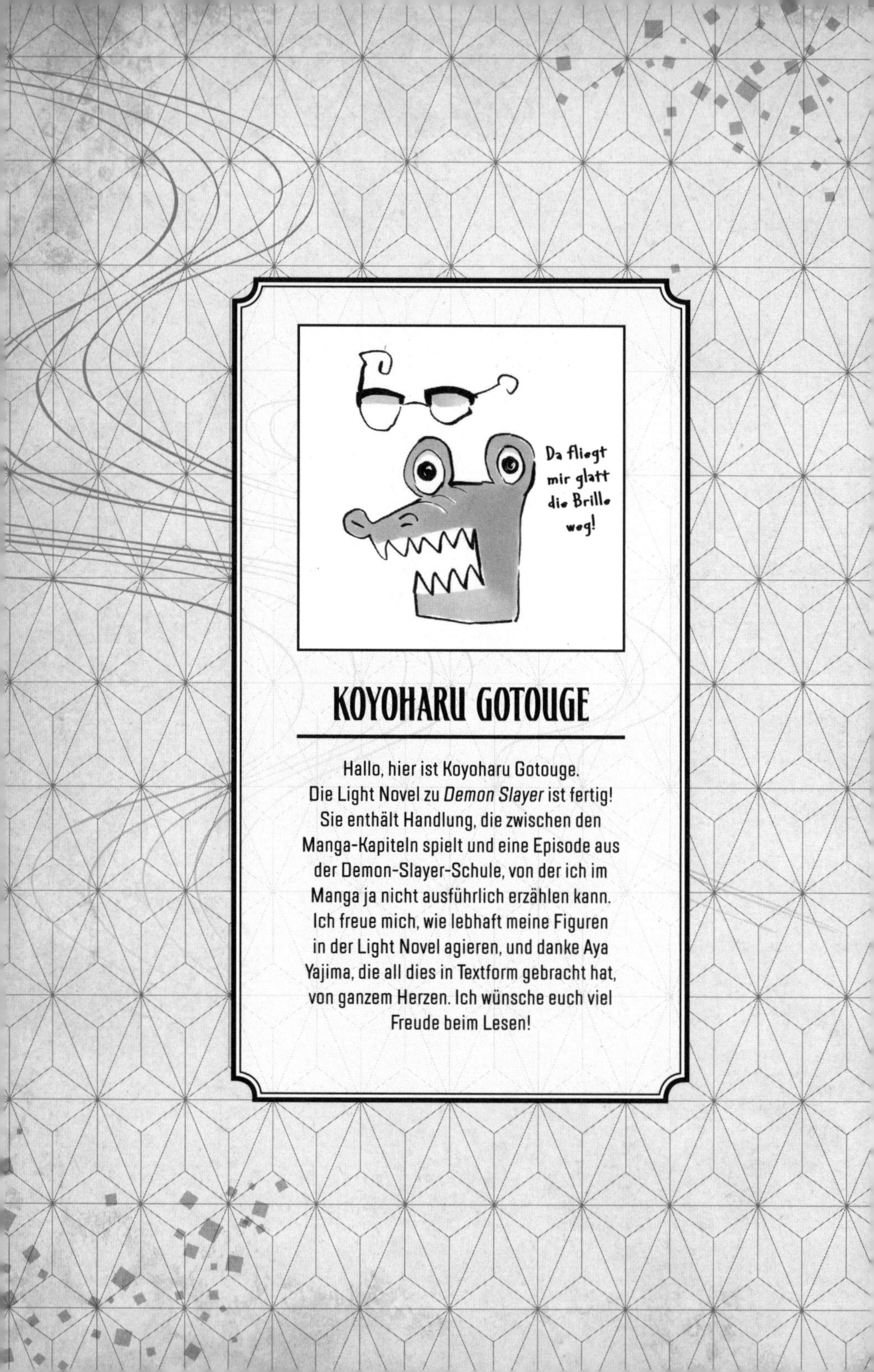

KOYOHARU GOTOUGE

Hallo, hier ist Koyoharu Gotouge. Die Light Novel zu *Demon Slayer* ist fertig! Sie enthält Handlung, die zwischen den Manga-Kapiteln spielt und eine Episode aus der Demon-Slayer-Schule, von der ich im Manga ja nicht ausführlich erzählen kann. Ich freue mich, wie lebhaft meine Figuren in der Light Novel agieren, und danke Aya Yajima, die all dies in Textform gebracht hat, von ganzem Herzen. Ich wünsche euch viel Freude beim Lesen!

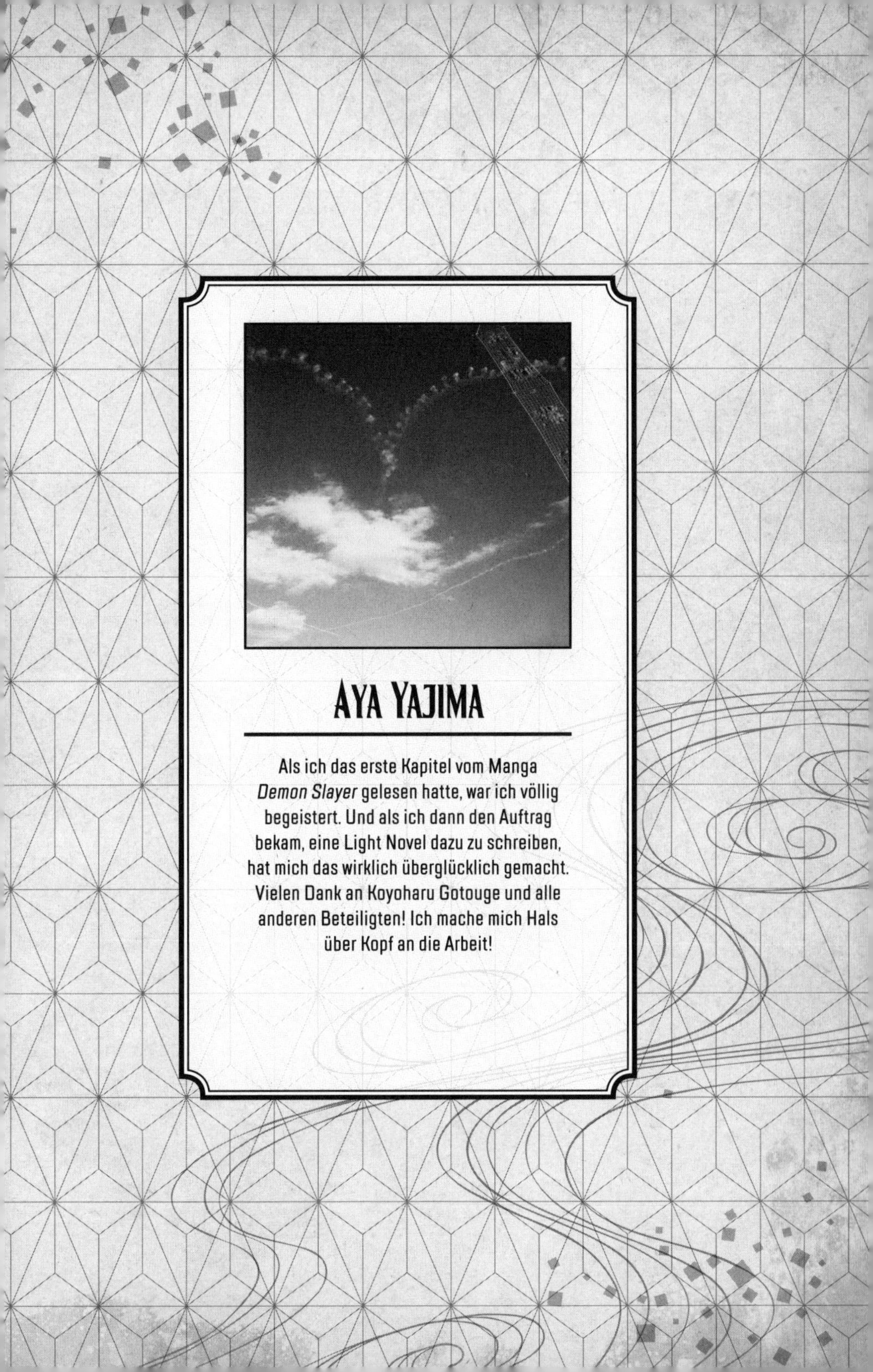

Aya Yajima

Als ich das erste Kapitel vom Manga *Demon Slayer* gelesen hatte, war ich völlig begeistert. Und als ich dann den Auftrag bekam, eine Light Novel dazu zu schreiben, hat mich das wirklich überglücklich gemacht. Vielen Dank an Koyoharu Gotouge und alle anderen Beteiligten! Ich mache mich Hals über Kopf an die Arbeit!

manga
漫画
Cult

manga 漫画 Cult

KOYOHARU GOTOUGE
DEMON SLAYER
KIMETSU NO YAIBA

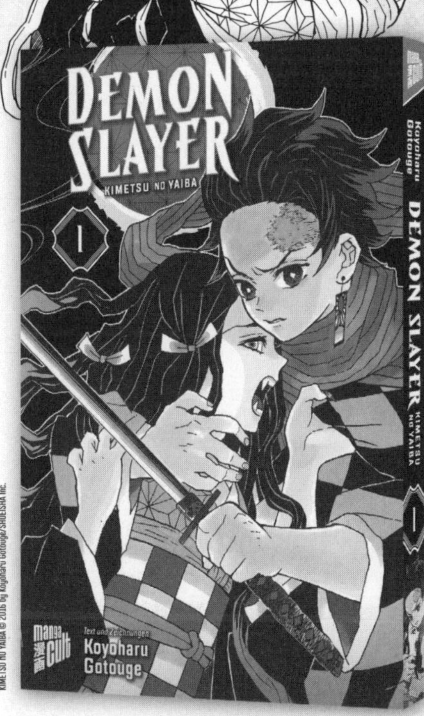

Japan zur Zeit der Taisho-Ära. Tanjiro Kamado verdient seinen Lebensunterhalt damit, Kohle zu verkaufen. Doch sein friedliches Leben nimmt eine abrupte Wende, als ein Dämon seine Familie überfällt und brutal tötet. Allein Tanjiros kleine Schwester Nezuko überlebt – doch verwandelt in einen Dämon trachten ihr die Menschen nach dem Leben. Um seine Schwester zu retten und seine Familie zu rächen, bricht Tanjiro auf eine gefährliche Reise auf ...

14x21 | SC | sw
208 Seiten | **€ 10,– (D)**

KIMETSU NO YAIBA © 2016 by Koyoharu Gotouge/SHUEISHA Inc.

manga 漫画 Cult

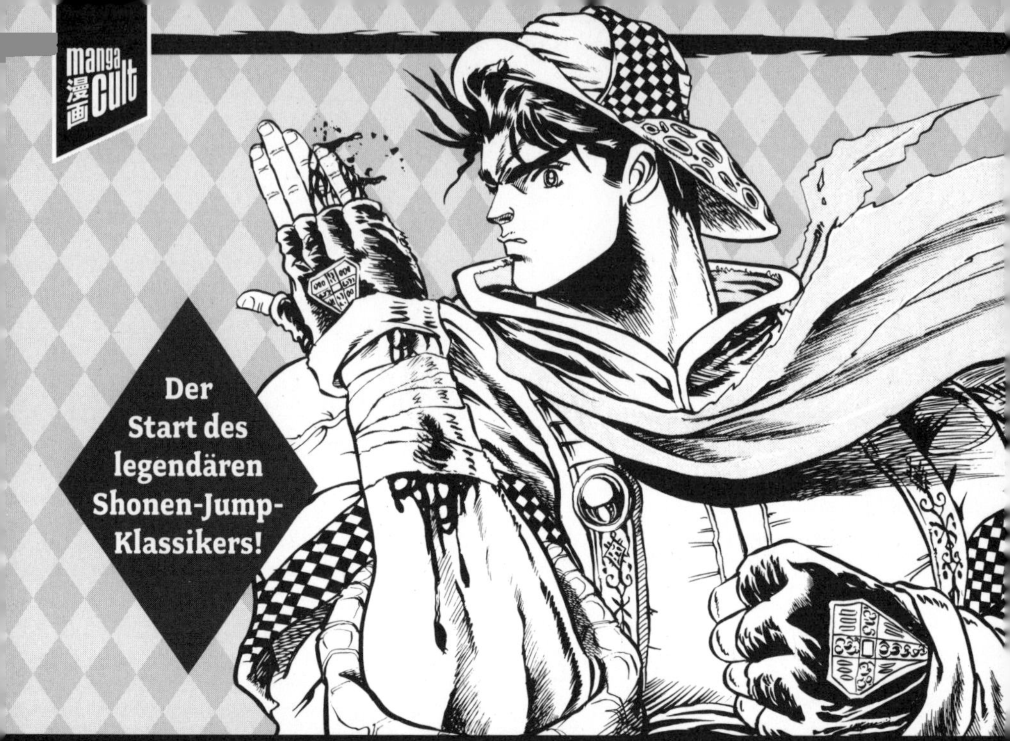

Der Start des legendären Shonen-Jump-Klassikers!

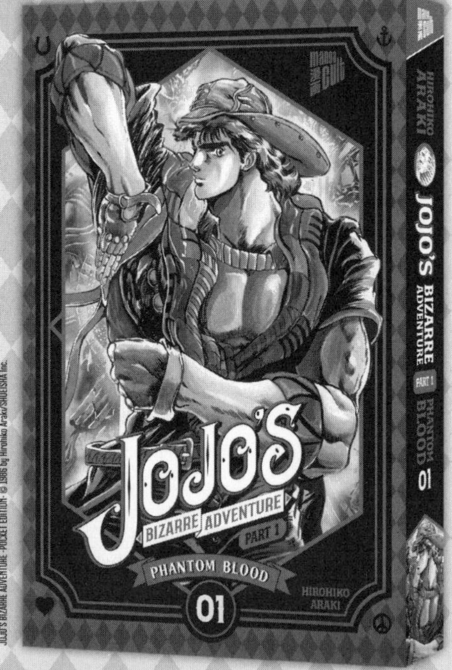

JOJO'S BIZARRE ADVENTURE -POCKET EDITION- © 1986 by Hirohiko Araki/SHUEISHA Inc.

HIROHIKO ARAKI

Das Leben des jungen Adligen Jonathan Joestar ändert sich schlagartig, als sein neuer Adoptivbruder Dio vor der Tür steht!
Dies ist der Beginn eines schicksalhaften Kampfes zwischen der Familie von Jonathan Joestar und Dio!

14x21 | SC | sw
322 Seiten | **€ 12,– (D)**

Die Jagd nach dem Ainu-Gold beginnt!

SATORU NODA

GOLDEN KAMUY

Wir schreiben das frühe 20. Jahrhundert. Hoch im Norden Japans, in der Wildnis von Hokkaido, versucht der Kriegsveteran Saichi Sugimoto erfolglos, seinen mageren Lebensunterhalt durch Goldschürferei aufzubessern. Als er von einem riesigen Goldschatz erfährt, der den Ainu gestohlen und von den Dieben versteckt wurde, bricht er mit Hilfe der jungen Ainu Asirpa auf die gefährlichste Schatzsuche der Geschichte auf. Denn zahlreiche tödliche Gegner sind ebenfalls hinter dem Schatz her! Doch Sugimoto wird ja nicht umsonst „der Unsterbliche“ genannt ...

14x21 | SC | sw
196 Seiten | **€ 10,– (D)**

GOLDEN KAMUY © 2014 by Satoru Noda/SHUEISHA Inc.

DEMON SLAYER
BLUME DES GLÜCKS

von

Koyoharu Gotouge & Aya Yajima

2. Auflage, 2023

Deutsche Ausgabe/German Edition

German translation copyright © Manga Cult, Ludwigsburg 2023

Inh. Andreas Mergenthaler | Verlagsleitung: Luciana Bawidamann

Aus dem Japanischen von Burkhard Höfler

KIMETSU NO YAIBA SHIAWASE NO HANA © 2019 by Koyoharu Gotouge, Aya Yajima

All rights reserved.

First published in Japan in 2019 by SHUEISHA Inc., Tokyo.

German translation rights in Germany, Austria and German-speaking Switzerland

arranged by SHUEISHA Inc. through VME PLB SAS, France.

Programmleitung: Alexandra Grimsehl

Redaktion & Lektorat: Markus Rohde

Lektorat: Andrea Bottlinger

Korrektorat: Peter Schild

Layout und Herstellung: Elke Epple

Satz: Rowan Rüster

Druck: GGP Media GmbH, Poessneck

Alle deutschen Rechte vorbehalten. Nachdruck, auch auszugsweise, verboten. Kein Teil dieses Werkes darf ohne schriftliche Genehmigung des Verlages in irgendeiner Form reproduziert oder unter Verwendung elektronischer Systeme verarbeitet, vervielfältigt oder verbreitet werden.

Print-ISBN: 978-3-96433-771-9

E-Book-ISBN: 978-3-96433-772-6

www.manga-cult.de | November 2022